『十三五』國家重點圖書出版規劃項目

2011—2020年國家古籍整理出版規劃項目

2020年度國家出版基金資助項目

國家社會科學基金重大項目『國家圖書館藏未刊稿整理與研究』（13&ZD107）

國家出版基金項目
NATIONAL PUBLICATION FOUNDATION

國家圖書館藏未刊稿叢書

主編 劉玉才 陳紅彥

金石題跋編

小蓬萊閣金石目

（清）黄易 著
盧芳玉 整理

鳳凰出版社

圖書在版編目（CIP）數據

小蓬萊閣金石目／(清) 黄易著；盧芳玉整理. --南京：鳳凰出版社，2021.6
（國家圖書館藏未刊稿叢書／劉玉才，陳紅彦主編. 金石題跋編）
ISBN 978-7-5506-3353-7

Ⅰ. ①小… Ⅱ. ①黄… ②盧… Ⅲ. ①金文－匯編－蓬萊 Ⅳ. ①K877.33

中國版本圖書館CIP數據核字（2020）第261639號

書　　名　小蓬萊閣金石目
著　　者　（清）黄易
整 理 者　盧芳玉
責任編輯　吴　瓊　姜　嵩
裝幀設計　姜　嵩
出版發行　鳳凰出版社（原江蘇古籍出版社）
　　　　　發行部電話025-83223462
出版社地址　江蘇省南京市中央路165號，郵編：210009
出版社網址　http://www.fhcbs.com
照　　排　南京新華豐製版有限公司
印　　刷　南京新世紀聯盟印務有限公司
　　　　　江蘇省南京市建鄴區南湖路27號春曉大廈5樓，郵編：210017
開　　本　718毫米×1005毫米　1/16
印　　張　23.5
版　　次　2021年6月第1版
印　　次　2021年6月第1次印刷
標準書號　ISBN 978-7-5506-3353-7
定　　價　380.00圓

（本書凡印裝錯誤可向承印廠調换，電話：025-68566588）

《國家圖書館藏未刊稿叢書》編委會

主　編

劉玉才　陳紅彦

分主編

樊長遠　陳紅彦（日記編）

董馥榮　謝冬榮（書札編）

盧芳玉（金石題跋編）

田曉春（題贊手卷編）

孫　俊　林世田（中法漢學研究所編）

張學謙　王宣標（著作編）

委　員（以姓氏筆畫爲序）

王　劍　王宣標　卞惠興　田曉春　白謙慎　林世田

姜小青　陳紅彦　孫　俊　張學謙　董馥榮　樊長遠

劉玉才　薛龍春　盧芳玉　謝冬榮

序

中國國家圖書館以庋藏中國古籍善本宏富著稱，其中宋元舊槧、珍稀印本，向爲學界推重，頗獲利用。相較之下，約佔館藏善本總量三分之一的寫本類文獻，利用還遠遠不够，堪稱有待發掘的文獻寶藏。國圖藏寫本文獻以著作稿抄本爲主，兼及日記、書札、題跋、校語、文書檔案等類文字形式，因多爲唯一傳本，故有别於刊印文獻，具有獨特的文物、藝術和文獻價值。根據館方專家調查，〔一〕館藏宋元抄本即有十五部，明抄本則多達一千二百四十六部，其中一百七十餘部爲内府所抄。如宋仁宗親撰《洪範政鑒》，僅此一部内府抄本秘藏宫内，從無刊刻傳抄，彌足珍貴。明嘉靖間《永樂大典》抄本，世存殘卷亦以國圖收藏最夥。許多早期抄本與原本成書年代接近，而原本或有亡佚殘缺情形，抄本遂具有無可替代的校勘與輯佚價值。國圖所藏明清抄本中，著名學者、藏家抄本佔有相當比例，許多是影抄宋元舊本和珍稀本，僅毛晋汲古閣影抄本即有近八十部。在清抄本五千餘部中，還包括有盧文弨、鮑廷博、吴騫、翁方綱、陳鱣、黄丕烈、焦循、管庭芬、楊守敬、王國維等名家手稿本。著作類稿抄本之外，國家圖書館還藏有明清以至民國一百五十餘家日記稿抄本，三四百種書札文獻，數

〔一〕陳紅彦《國家圖書館藏抄本述略》，《國家圖書館學刊》，2016年第4期。

千款金石題跋，以及數量不菲的圖卷題詠、批校文字、文書檔案等類寫本文獻。上述寫本文獻，除部分著作抄本之外，大多未經刊行，均可歸爲未刊稿之列。

寫本文獻存量稀罕，往往具有孤本性質，加之多數未經整理，字迹辨識不易，閲覽亦不方便，這都成爲限制其發掘利用的重要原因。有鑒於此，我們組織國家圖書館古籍館與北京大學中文系合作的學術團隊，在對館藏寫本文獻全面調查的基礎上，首先選擇具有重要學術價值、讀者利用不便的未刊文獻，予以整理刊布。並在國家社科基金申請設立『國家圖書館藏未刊稿整理研究』重大課題，以保證整理研究工作的實施。經過課題組同人的共同努力，陸續完成部分階段性成果，今擬分作日記、書札、金石題跋、題贊手卷、中法漢學研究所、著作諸編，依次予以刊布。

《日記編》整理收録顔懋价、葉鈞、張廷濟、何紹基、趙宗建、黄彭年、江標七位清人未刊稿本日記。其中如黄彭年、江標，不僅參與過重大政治活動，在學術領域亦有較高成就，屬於政學兼通的重要歷史人物。黄彭年《黄陶樓先生日記》、江標《笘誃日記》，所載均長達數十年，可稱一生行迹的詳盡記録，涉及朝章典故、交遊見聞、日常讀書生活等諸多内容，極其豐富。張廷濟《張叔未日記》、顔懋价《顔脩來日記》、葉鈞《壺中日記》、何紹基《東洲草堂日記》，雖然記述時間不長，但是内容各有所長，據之不僅可以考察日記主人的生平交遊，還可豐富清代學術史的場景。晚清藏書家趙宗建的《舊山樓日記》《非昔居士日記》《庚子非昔日記》，内容跨越清同治元年（1862）至光緒二十一年（1895）共三十多年的時間，記録了趙氏的日常生活、藏書收購及與衆多友人交遊情形，還有對圍剿太平軍的見聞記述，頗能反映江南地方士人的生活與眼界。

《書札編》從館藏各類書札文獻中選取黄彭年、趙宗建、張蔭桓、袁昶、王懿榮、吴重憙、繆荃孫、葉德輝等十餘家往還書札，予以整理刊布。因所涉人物都是晚清、民國間重要官員和學術文化界名流，書札内容豐富，且未經前人揭示，具有無可替代的文獻價值。如《黄子壽先生遺札》收録清光緒年間黄彭年在江蘇布政使任内與按察使朱之榛之間往來信件六十七通，涉及漕運與海運之流弊、來蘇流民之安置、正誼書院並藏書樓之籌建等諸多政務。黄彭年著述宏富，但大多未經刊布，本課題同時整理其日記、書札，預期將會推動學界對黄氏的深入研究。《趙宗建友朋書札》收録趙宗建光緒年間所撰詩歌、隨筆、抄經、墓誌銘、祝壽帖及其友人李芝綬、季錫疇的書札共一百四十餘件，不僅内容豐富，還可與《日記編》所收趙氏三種日記互相參照，促進學界對這位重要藏書家的全面研究。《袁昶友朋書札》收録劉履芬、丁丙、馮煦、孫詒讓、楊守敬、沈曾植、戴望、張謇、李文田、孫衣言、張鳴珂、張之洞、陸潤庠、王頌蔚、王懿榮、翁同龢等人信札二百餘通，袁昶親自整理粘貼爲十二巨册，涉及歷史人物衆多，堪稱是晚清學者的群體資料。《王懿榮往還書札》收録王懿榮與師友、親屬往還書札數百通，基本可以反映其後半生的主要經歷與交遊關係。王懿榮光緒年間授翰林院編修，三任國子監祭酒，博覽書史，精於鑒藏，與當世金石學者來往密切。書札所涉人物包括潘祖蔭、陳介祺、繆荃孫、吴大澂、盛昱、汪鳴鑾、孫汝梅、黄紹箕、吴重憙諸名流，以及女兒女婿等家人。書札内容多爲討論金石碑拓釋讀、古籍收藏、科舉學問，以及時務政治、爲人處世、家務瑣事，據之可以考察同光時期精英士大夫鑒藏金石之風尚，以及業餘生活趣味的豐富細節。《藝風堂同人尺牘》是晚清著名學者繆荃孫的友朋書札稿本集，收録惲祖翼、繆朝荃、劉炳照、吴慶坻、陳慶年等人致繆荃孫書札一百餘通。書札的撰寫時間多在光緒時期，内容比較廣泛，除家常瑣事之外，還涉及刻書、詩詞交往、方志編纂等方面，是研究繆荃孫學術交遊、晚清政治與文化教育的重要資料。葉德輝致松崎鶴雄書札（《郎園手札》）是著名學者葉德輝 1910 年至 1920 年間致日本學者松崎鶴雄的書信，涉及研治經學、小學等多方面内容，可稱現代中日學術交流史的重要文獻。

《書札編》收録書札出自名家之手，書法用箋考究，文獻價值之外，兼具有藝術觀賞價值，故採取録文整理與選擇影印結合的方式予以刊布。此外，我們還特邀白謙慎先生、薛龍春先生精選館藏十餘種名家尺牘，製作法書字帖，集爲《國家圖書館藏清代名家尺牘法書選刊》，以饗書法愛好者。

國圖收藏金石拓本豐富，題跋數量衆多。如宋元合璧拓本《廣政石經》即有名家題跋、批校百餘款，宋拓《嘉祐石經》亦有吴昌碩、丁晏、葉昌熾、沈曾植、羅振玉、陳寶琛、楊守敬、曹元忠、繆荃孫、柯劭忞等多人題跋和批校。《金石題跋編》甄選館藏金石題跋七十餘種，以拓本爲單位，撰寫提要，著録題名、拓本、裝幀、行款、書體、責任者、遞藏源流等項信息，並對題跋文字進行輯録整理，可爲金石證史、拓本源流研究、金石學者交遊研究提供全新的資料。

《題贊手卷編》率先刊布長達十六餘米的《明渤海孫氏積善堂題贊手卷》，該手卷是河北滄州孫楷第家族世守之寶，彙集明代前期朝廷重臣、翰苑侍從、書法名家四十三人的題贊墨迹，爲明代文化史、文學史、書法史研究的重要實物與文獻。諸家題贊，書法風格各異，可稱難得的藝術珍品。其中如明代第一大和尚姚廣孝的題贊，可能是其唯一的傳世手迹；而明初賢相『三楊』（楊士奇、楊榮、楊溥）和書法大家『二沈』（沈粲、沈度）的墨迹傳世甚罕，手卷所存可謂吉光片羽，彌足珍貴。此次刊布改卷裝爲經折裝，採用原版影印與題贊釋文相結合的整理方式，前半部分展示手卷原貌，後半部分爲題贊釋文、印章釋讀及題贊者小傳，既能滿足學術界對此珍貴文獻的研究需求，又可據之勾勒明初京師文化圈的面貌。

中法漢學研究所是法國中法教育基金委員會1941年在北京資助成立的漢學研究機構，設有民俗學組、語言歷史組、通檢組、圖書館、法文研究班等部門，開展文獻搜集整理和研究、翻譯工作。該研究所1953年撤離中國時，部分申請出關的圖書資料被中國政府徵購或没收，輾轉存藏於國家圖書館。《中法漢學研究所編》對其中曾毅公《五十年來之甲骨學》、陸翔《敦煌學著述考》、傅惜華《漢代畫像全集》三編、徐宗元《古今本竹書紀年合校》、柯昌泗《漢晋石刻略録》、羅常培《蒙古字韻跋》、魏建功《完全本王仁昫刊謬補缺切韻初次的討論》等未刊論著稿本以及神禡相關資料，進行整理研究，以求揭示這批珍貴稿本資料的學術價值，豐富敦煌學、甲骨學、民俗學等專題學術史，爲深入瞭解中法漢學研究所的學術活動，探究現代漢學研究史，提供文獻幫助。

著作稿抄本在國圖館藏寫本文獻中數量居多，近年頗有影印出版，加之閲覽方便，已漸爲學界所關注，因此未列爲本課題重點對象。不過考慮到有些著作稿抄本學術價值很高，甚至關涉重要學術論争，有必要予以刊布揭示，更便利學界研究，我們選擇方邁、王鳴盛、周廣業、孔廣栻、吴騫、王念孫、王引之、姚文田、李鋭、李文田等清代學者稿抄本予以影印，并分别撰寫研究解題。其中如李鋭《周易注疏校勘記》殘稿，是阮元主持纂修《十三經注疏校勘記》的重要文獻見證，有助於釐清當年校勘工作的緣起與修訂過程。《經義述聞》涉及王念孫、王引之父子著作權的争議，是清學研究界關注的熱門問題。爲便於展開深入研究，我們將國圖館藏《經義述聞》初刻、二刻、三刻所據稿本及《校書録》稿本合併影印。其餘諸家稿抄本，亦精彩紛呈，各有可觀。

以上未刊文獻，雖然形式有别，但是日記、書札、題跋及著作稿抄本内容多有關聯，甚至可以相互印證，子課題實際都是總課題的有機組成部分。我們希望通過對這批未刊文獻的發掘整理，爲學界提供第一手的資料，以推動明清以至近現代學術史研究的深入。在整理過程中，根據文獻樣式的不同，我們分别採取釋讀、點校、輯録、影印、解題、小傳等整理研究形式，以期最大限度地發揮未刊文獻的功用。因爲未刊文獻的隨意書寫特性，文字辨識、内容整理難度很高，整理成果想必仍有不少訛誤，期待學界同人不吝指正。此項整理研究工作得到國家圖書館古籍館、北京大學中文系的大力支持，浙江大學文化遺産研究院白謙慎先生、薛龍春教授在文字釋讀方面給予無私的幫助，鳳凰出版社慨允出版，謹表衷心感謝。

劉玉才

二〇一八年五月

目録

黄小松司馬藏

三代至宋元金文目

此目書衣有小松所得金石白文方印一窠余家蓀司馬搨
贈翁蘇齋漢三公山碑冊中有沈鄭齋手拓此印邊款
云乾隆甲午秋得漢祀三公山碑于元氏縣屬王明府移置
龍化寺作此印紀之小松都卅二字附識於此以資印證
戊辰三月廿六日 貴池劉之泗公魯甫

此黄小松司馬所臧金石目書面八字及校正脱誤處皆親筆也予所見止此碑目定多罕見之本惜不知流落何所耳 書此以待延津之合 同治丙寅七月既望鄭齋記

安徽潁州府有唐鐘銘 陸文正公得數百字

唐開元年在開元寺

小蓬萊閣金石目

三代金文　俱篆書

周公華鐘

文曰惟王正月初吉乙亥周公華擇乃吉金元鏐等字十五行禮部尚書獻縣紀公嵐收藏

虢叔鐘

文曰虢旅曰丕顯皇考專叔等字十行江寧中書司馬達甫搨本

楚余義鐘

文曰作正九月初吉等字四段十九行陽湖孫觀淵如

收藏

邢叔鐘

文曰井叔作○鐘用家藏搨本

乳鐘

文不可識陽湖孫氏收藏

已侯鐘

文曰已侯□作寶鐘在山東益都李孝廉廓家

鐘

文曰□□□柔□□作□□其□□男子〻孫〻永寶

陽湖孫氏收藏文倒刻

木鼎

文曰作□戊□木工册在山東曲阜縣孔子廟

焦山鼎

文曰惟九月既望甲戌王格于周等字十行在江南鎮

江焦山佛寺

曶鼎

文曰隹王元年六月既望乙亥王在周穆王太等字二

十四行湖廣總督鎮洋畢公秋帆收藏

卣

文曰唯八月初吉望乙夘公錫䔥字五行絳州王氏怡

收藏

卣

文曰○○○作寶尊卣用○夕郘公格番禺潘中書毅

堂收藏

卣

文曰乙公作尊卣䔥字三行陽湖孫氏收藏

咢

文曰惟口有一年三月初吉壬戌王在周康宮遲太室

等字十行嘉定錢別駕獻之搨本

咢

文曰十月丁亥乙自作飲口其眉壽無口永寶用之大

興翁翰林宜泉搨本

咢

文曰叔盉父乍尊咢其永寶用江寧蔡伯海搨本

咢

卣

文曰舉祖辛者昌沈氏收藏

卣

文曰口辛

卣

文曰舉父辛陽湖孫氏收藏

卣

文曰口口王命正月初吉伯龢父若乙口口口口口口

休其萬年海寧沈匏尊搨本

卣

文作亞字形中二字不可識

卣

文曰光□□□□盄□□羊□□艸鼎其萬□趙晉齋

搨寄

亞尊

文曰亞□在山東曲阜縣孔子廟

尊

文曰惟二月初吉丁卯公姞等字四行江寧蔡氏搨本

尊盉

文曰惟正月吉等字十行安邑宋芝山搨本

伯彝

文曰□伯作□□□用等字四行在山東曲阜縣孔子

廟

彝

文曰唯□□子曾曰等字八行海寧沈氏搨本

彝

文曰露□□守作寶彝家藏搨本

彝

彝　底蓋俱文曰□□肇作寶尊彝

彝　文曰□□□□休朕□君公伯錫筭字四行江寧蔡氏

　　揚本

彝　文曰□□中□乍父寶尊彝江寧蔡氏揚本

彝　文曰□白□作寶尊彝用□□□江寧蔡氏揚本

彝

文曰□作□生考寶尊彝廣州張翰林葯房收藏

彝

文曰□作父癸宗尊彝子孫江寧蔡氏搨本

彝

文曰作祖戊尊彝湖南廵撫姜公度香收藏

司成頌敦

文曰惟三年五月既望等字十五行家藏搨本

遲伯敦

文曰中祖父作朕皇考遲伯王母遲姬尊敦其萬年子
子孫孫永寶用享于宗室仁和趙晋齋搨本

郊敦

文曰惟王十有一月既生霸等字十二行釋文見吴山
夫金石存

敦

文曰惟元年六月叔戎父□□姜氏尊敦子孫永寶用
家藏拓本

父

文曰惟□□又一月既生霸庚戌酉□中作寶享子子

孫孫□永用家藏搨本

敦

文曰郙□作寶敦用追孝于其父母用錫永壽子子孫

孫永寶用享家藏搨本

敦

文曰𢍰季故公作寶敦子子孫孫永寶用享家藏搨本

敦

文曰䜌父乙都門吴魯峰物

敦

文曰父丁其上作亞字内有立鳥形

剌公敦

文曰伯豦□肇作䔶字五行

敦

文曰叔□父作朕皇考䔶字三行江寧蔡氏搨本

師酉敦

底蓋俱文曰惟王元年正月王在吴䔶字十一行廣州

長氏文蔵

彝

文曰中口作□敦

冊卣

文曰冊父乙在山東曲阜縣孔子廟

卣

底蓋俱作立戈形文曰父丁陽湖孫氏收藏

卣

底蓋俱文曰惟二月初吉丁夘公姞菶字五行江寧蔡氏搨本

鬲

文曰王伯姜作尊鬲永寶用

鬲

文曰□叔□□父作□鬲番禺潘氏收藏

周太僕盤

文曰周太僕散邑迺即散用田自渭洮以南至于大河

等字十九行在江南揚州徐氏

盤

文曰邾□肇作子　等字家藏搨本

盤

文曰惟朕中宋作其盤其萬年眉壽無疆子子孫孫永
寶用之萊陽初光禄頤園收藏

盤

文曰□□姬作□妃魯母賸子子孫孫永寶用番禺潘
氏收藏

盤

文曰惟五月初吉王在周令作冊内史錫□卺□□□
□□女王休用作盤□其萬年永寶用大興翁氏搨

本

中駒父匜

底蓋俱文曰□□中駒父作中姜敦子子孫孫永寶

用享

匜

文曰𠧧子孫父匜

寶簋

文曰□自作□簋等字三行在山東曲阜縣孔子廟

孫東逆簋

文曰惟王十月初吉丁亥等字十二行華氏東釋爲封

奚家藏搨本

簠

文曰惟王九月初吉庚午曾伯等字十一行海寧沈氏

搨本

簋

文曰□龔父𠤳寶簋等四字行桐鄉金刑部雲莊搨本

簋

文曰鬲叔興父作旅簋其子子孫孫永寶用陽湖孫氏

搨本收藏

簋

底盖俱文曰鬲叔興父作旅簋江寧蔡氏搨本

簋

文曰孫□□萊陽初氏所藏

壷

文曰家德氏自作卣壷陽湖孫氏收藏

壷

文曰史□作尊壷□其萬年子子孫孫永寶用享仁和

何夢華搨本

爵

文曰子□甲專作文父□絳州王氏收藏

爵三種

一文曰父癸一文曰祖巳一文曰父癸□孫番禺潘氏收

藏

亞爵

右器二一文曰亞爵一文曰亞壽舟近出山東壽張縣

梁山王蓮湖刺史見贈

方爵

文曰都姬名太子尊彝上作亞形其内文曰口配癸陽湖孫氏收藏

觶

文曰辛

觶

文曰父辛其上雙鳥形陽湖孫氏收藏

觚

文曰父巳

斝

文曰彭女斝仁和姚氏虎臣收藏

豆

文曰叀□父都門吴魯峰物

盦

底蓋俱文曰孫□父戊

瞿

文兩面一作立戈形一作立馬形上海趙侍御譙士收藏

瞿

文兩面一作𠂤一作立戈形似戊乇二字易得於濟寧

瞿

文曰元江寧司馬氏收藏

瞿

亞字形兩面一曰乙子父中間作立戈形一曰癸中間作兩手執物形番

禺潘氏收藏

戈

文曰平侌賁運司觀察歸公悔亭所贈

文曰�大師□□之艁戈洪洞李梅村所贈

戈

文曰□𢦔

芊子戈

文曰芊子之艁戈曲阜顔氏運升收藏

高陽戈

文曰高陽左

左庫戈

文曰□晋左庫□□

戈

文曰黽海寧吳氏兕牀收藏

戈

文曰敔海寧吳氏收藏

戈

文曰麇海寧吳氏收藏

戈

文曰高用□金作□□用吳山夫金石存云器藏陳氏

右軍戈

文曰廿三□□□□□□左軍工□□□臣節

劍

文曰□□丁亥百□□其□于

劍

文曰乙戈易得於濟寧

劍

文曰□□武用江寧司馬氏收藏

鎗

文曰□□邦司寇野□□上軍等字二行家藏搨本

漢金文

銅鉤文篆文

文曰六年五月丙午作又曰張師信印吴門張中書瘦銅收藏

帯鉤文篆書

文曰長宜子孫易得於都門

帯鉤文篆書

文曰長宜君官士至三公陽湖孫氏收藏

尚方銅刻隸書

之泗案此鏃并非漢器

文□□古□

鏃印文篆書

文曰左辛甫里鉄　先大夫手拓考爲箭鏃上火烙印

爐文隸書

文曰菑川太子家金煸爐容二升半重十觔八两江寧

司馬氏收藏

陽泉熏爐銘隸書

文曰陽泉使者舍熏爐一有盤及盖并重四斤□□□

五年六安十三年正月乙未内史屬賢造雒陽付守長

則丞善掾勝傳舍嗇夫兊江寧蔡氏搨本　當是元封三年

鐎斗文

文曰元康元年考工工賢友繕作府嗇夫建護萬年縣長當時主令長平右丞義省重一斤十四两海盐張芑堂收藏

鐎斗文隸書

文一字曰吉陽湖孫氏收藏

鐎斗文篆書

之涵案此器今藏焦山定慧寺

文曰八千

熊足鐎斗文 隸書

文曰付上林安邑宋氏搨本

鼎盖 八分書

文曰伏地仁和何氏收藏

隃麋陶陵鼎 隸書

盖文曰隃麋陶陵共厨銅斗鼎盖并重十一斤又文曰

册癸丗正底文曰隃麋陶陵共厨銅鼎一合容一斗并

重十斤又文曰汧共厨銅鼎容一斗重八斤一两第廿

一趙素門搨本

銅梁栝文隸書

文曰史侯家銅梁栝第四重一觔十四兩　江寧司馬氏

收藏

尚方鏡隸書

文曰尚方御鏡大母傷巧工刻之成文章左龍右虎辟

不祥朱鳥元武順陰陽子孫備具居中央鍊治銀錫清

而明長保二親樂富昌壽敝金石如侯王中刻篆文十

二辰易旱子齊亭

尚方鏡（篆書）

文曰尚方作竟大毋傷巧工刻之成文章左龍右虎辟不祥朱鳥元武順陰陽子孫備具居中央長保二親樂壽敝金石方侯王袁太史簡齋隨園搨本

有憙鏡 篆書

文曰角王巨亩曰有憙昭此明鏡成快意上有龍虎四時置長保二親樂無事子孫均息家富貳昌天母極受大福中心有二辰字趙氏素門搨本

仙人不老鏡 篆書

文作三層一曰尚方作鏡真大巧上有仙人不知老一
曰作佳竟兮真大巧上又兮一曰長宜子孫洪洞李梅
村所贈

仙人不老鏡
文曰尚方作鏡真大好上有仙人不知老渴飲玉泉飢
食棗徘徊名山採神草浮游天下敖四海壽如金石之
國保侯王兮中心篆書十二辰字

仙人不老鏡隷書
文曰尚方作竟真大好上有仙人不知老渴飲玉泉飢

食棗浮遊天下遨四海徘徊名山採神艸壽如金石之

國保隨園袁氏搨本

仙人不老鏡隸書

文曰作佳鏡哉真大好上有仙人不知老渴飲澧泉飢

啗棗浮游天下敖四海壽敝金石□□保中心篆書十

二辰字

仙人不老鏡篆書

文曰尚方作鏡□□好上有仙人不知老渴飲玉泉飢

食棗浮由天下中心有十二辰字易得於濟寧

仙人不老鏡篆書

文曰尚方作竟真巧上有仙人不知老渴飲玉泉飢食

棗由口

仙人不老鏡篆書

文曰尚口佳鏡真大好上有仙人不知老渴飲玉泉飢

食棗壽如金石國人保郃陽褚千峯搨本

仙人不老鏡篆書

文曰尚方佳鏡真大好上有仙人知不老渴飲玉泉飢

食棗孚游天下敖四海旹

仙人不老鏡隸書

文作兩層其外曰尚方作鏡真大巧上有仙人不知老

渴飲玉泉中心文曰家有五馬羊張大吉宜侯王仁和

趙氏收藏

仙人不老鏡篆書

文曰尚方作鏡真大巧上有仙人不知老渴飲玉泉飢

食棗浮天下敖四海未央金石江寧司馬氏收藏

仙人不老鏡隸書

文曰尚方佳鏡真大好上有仙人不知老渴飲玉泉飢

食𩚏壽如金石之國保兮大興翁氏收藏

十二辰鏡　篆書

文曰上大山見神人食玉英飲醴泉駕交龍乘浮雲宜官秩保子孫貴富昌樂未央中心作十二辰字曲阜顏氏收藏

十二辰鏡　篆書

文與前鏡同惟駕交龍作青龍杭州趙素門搨本

十二辰鏡　篆書

文曰□言之巳乏鏡冶調湅銅錫去惡宰刻鏤均好置

孫子長保二親樂無已壽敝金石兮[illegible]

西市中有十二辰字

十二辰鏡篆書

文曰黄帝治鏡大毋傷左龍右虎辟不祥朱鳥元武調陰陽子孫備具居中央為□□□貴富昌壽元王母樂未央兮中作十二辰字

十二辰鏡篆書

文曰銅錫治鏡子孫貝多賀君家受大福位至公卿脩祥食幸得時来獲嘉德傳之後世樂無亟大吉中作

十二辰字何夢華收藏

三商鏡 篆書

文曰吾作明鏡幽湅三商□者大吉

三商鏡 篆書

文曰吾作明鏡幽湅三商明如日月易得于濟寧

三商鏡 隸書

文曰吾作鏡幽湅三商其師命長

三商鏡二種 隸書

文作丙（?）魯一曰吾作明竟幽東三商周□萬疆百子（?）癸（?）

[illegible]增年益壽[illegible]

王大吉祥一曰君宜高官立至三公其師命長

三商鏡二種隸書

文曰吾作明鏡幽湅三商周口商口五帝三皇口口單

堯黄口除兇朱鳥元武白虎青龍君宜高官口口口口

侯王兮中心文曰宜官

三商鏡隸書

文曰吾作明鏡幽湅宫商君豕商豕五帝天皇口卢單

堯黄帝除兇朱鳥元武白虎青龍君宜高官子孫蕃

昌建安十年造大吉中心文曰君宜仁和趙氏收藏

三商鏡隸書

文曰吾作竟[明]幽湅三商天王日月位至三公運河觀察

桐鄉沈公青齋搨本

三商鏡隸書

文曰吾作明鏡幽湅三商配像萬京流□于道世奉臣

節其師命長兮

大富昌鏡篆書

長貴富鏡二種隸書

文曰樂無事日有憙宜酒食長貴富

長相思鏡隸書

文曰長[常]貴富樂未央長相思毋相忘海寧吳氏搨本

長相思鏡隸書

文與前同惟缺一角桐鄉沈氏收藏

君宜高官鏡二種隸書

文曰君宜高官易得於濟寧

高官鏡隸書

文曰高官吴門顧蘆汀贈

子孫高官鏡二種篆書

文曰君宜高官長宜子孫一仁和何氏収藏一易得於

濟寧

長生鏡篆書

文曰壽如金石宜子長生陽湖孫氏搨本

長生鏡篆書

文曰長生宜子仁和何氏搨本

長宜子孫鏡五種篆書

文曰長宜子孫 得於濟寧

宜子孫鏡篆書

文曰宜子孫易得於濟寧

長宜子孫鏡

文內層一曰長宜子孫一曰壽如金石佳且好兮易得

於濟寧

保子宜孫鏡篆書

文內層一曰保子宜孫一曰位至三公易得於濟寧

三公鏡九種隸書

文曰位至三公易　收藏五種餘是翁宜泉何梦華瞿

萇生揭本

張氏鏡篆書

文兩層一曰惟此明鏡□□照明□□吴郡張氏元公

百鍊□辟□別文□左龍右虎招福除殃□其師命長

一曰吾作明竟□日月合□保二錢塘趙氏素門揭本

馬氏鏡隸書

文曰馬氏作鏡真大好上有仙人不知老大吉兮易得

子卞成

許氏鏡

文曰許氏作鏡自有紀青龍白虎居左右聖人周公魯孔子作吏高遷車生耳郡舉孝廉州博士少不努力老乃悔吉中心有天王日月凡三言易得於濟寧

張氏鏡 隸書

文曰張氏作竟宜侯王悳當大富樂未央子孫備具居中長保二親世世昌

王氏伏羲鏡 隸書

文曰王氏作竟四夷服多賀新家人民息風雨時節五

穀孰長保二親天下力傳百世中毋極

龍氏伏羲鏡 隸書

文曰龍氏□□四夷服多賀君家人民息胡虜除□天下復風雨時節五穀熟蒙禄食□□□□孫力得天高

曲阜顔氏搨本

清明鏡 隸書

文曰湅治銅華清而明以之爲鏡因置文章延年益壽去不祥與天無極如日之光陽湖孫氏收藏

青月鏡 篆書

文曰漢有善銅出丹陽和以銀錫清□明□□□□□

吉祥鏡 篆書

文曰未言之始自有紀練治銅錫去莫宰辟不陽宜

吉利長

清明鏡 隸書

文曰錬治銀□清而明以之為鏡宜文章延年益壽而

吉祥與天毋極而日月光隨園袁氏搨本

清明鏡 隸書

文與前同

清明鏡篆書

文曰新有善銅出丹陽和以銀錫清且明左龍右虎

掌四□朱雀元武順陰陽□常大富宜侯王樂未央中

心十二辰字

清明鏡篆書

文曰新有善銅出丹陽和以銀鍚清而明左龍右虎掌

四□朱爵元武順陰陽

清明鏡隸書

文作丙圖一曰清浪銅華以爲鏡絲組爲紐以爲信清

光明之服者富貴者昌千秋萬世長樂未央一曰

見日之光天下大明服者君卿鏡辟不□□秋萬歲長

毋相忘陽湖孫氏收藏

清明鏡篆書

文曰新有善銅出丹陽□□明竟清且仁和何氏揭

本

太陽鏡篆書

文曰見日之光天下太陽服者君卿長樂未央揭本

日光鏡六種篆書

文曰見日之光長毋相忘仁和何氏趙氏收藏

衆神鏡篆書　文已磨泐止明吾二字可辨慈溪鄭三雲贈

九子鏡隸書　文曰日月天王宜春大吉等字字小不能盡辨易得於濟寧

文曰九子明鏡世異宮僊服者卿公多得于洛陽董氏鏡文隸書

辟邪鏡篆書　文曰来□之鏡自有紀練治銅錫去其滓辟不□何夢

鏡文篆書

文曰與美相長常貴未央江寧司馬氏搨本

鏡文篆書

文曰服鏡君卿長樂未央江寧司馬氏搨本

鏡文篆書

文曰心思君王久上見長

鏡文篆書

文曰久不見侍前俙君行卒令心悲

益壽鏡隸書

文曰延年益壽易得衛衛輝

永康鏡隸書

文曰永康元年正月丙午黄白作鏡幽湅三商明如日月買者富昌口高作宫立至公侯天王日月上有東父弍西王母宜吉祥兮畢公秋帆撫豫時所得

元興鏡隸書

文曰元興元年五月丙午日天大対廣漢造作尚方明竟幽湅三商周得無亟等字大興翁氏搨本

竟文隸書

文曰清河[illegible]

為□清光平成宜佳人桐鄉沈氏搨本

藍田鐙隸書

文曰藍田鼎胡宮銅行燭（鐙）廣□□□重一觔□□弟十

一三年宮□番禺潘氏收藏

龍虎鹿盧鐙篆書

文曰宜子孫吉桐鄉金氏收藏

鴈足鐙文三種

隸書曰建昭三年考工輔為內者造銅鴈足鐙重三斤

之泗案此鐙今在余家與嘉興張氏舊藏黃山第三鐙同庋一室

之泗案文三種皆在一甋

之泗案弖即斗字世疑卅字之誤

八兩護建佐博嗇夫福椽光主右丞宮令相省中宮內者弟五故家篆文曰今陽平家畫一至三陽朔元年賜又篆文曰後大廚侍郎青浦王公蘭泉得于西安

銷文 篆書

文曰長安共廚銅三弖銷世枚弟廿重十五斤八兩元延元年七月造

方壺 隸書

文曰元壽武庫容四斗重廿斤八兩腹下横刻文曰李

二面錢笵二種

俱圓式一錢形九一錢形八海塩張氏搨本

貨泉笵篆書

作錢形二鄭三雲所贈

大泉五十笵篆書

文曰大泉五十易為湖南巡撫吳江陸公朗夫篆額公

子直之贈為潤筆

大泉五十笵篆書

一面作錢形四一面十字文江寧司馬氏収藏

大泉五十笵 篆書

此器四周高半寸易得于衛輝

大泉五十笵 篆書

一面作泉形三一面文曰富人大萬廻環讀之或是萬人大富也在杭州簡橋人家

大泉五十笵 篆書

一面作錢形二一面分書曰大吉

建武五銖錢笵 篆書

文兩面一作五銖錢形四一八分書曰建武二年三月

[illegible]

在松江張氏端木家丁敬身先生手搨先子有釋文

五銖錢笵 篆書

一面作錢形三一面文曰日利大興翁氏搨本

五銖錢笵 篆書

作陰文錢形八中直槽

鐸 隸書

文兩面一曰大吉宜一牛馬大興翁氏搨本

鐸 篆書

文両面一曰永平二年一曰宜子孫吉顧盧汀贈

鐸隸書

文両面一曰宜子一曰大吉昜得於濟寧

鐸隸書

文両面一曰大富貴宜子孫一曰宜牛口大吉利陽湖

孫氏收藏

鐸隸書

文両面一曰宜子孫一曰大吉利昜得于濟寧

[illegible]隸書

文曰慮俿銅尺建初六年八月十五日造山東曲阜縣

孔氏收藏

洗篆書

文曰章和二年圉口造

洗隸書

文曰䣄氏䮾貴昌宜侯王樂未央左右作寉鹿形

洗隸書

文曰永元十三年二月廿四日造左右作魚雁形洪洞

李君珮得自江南郢州湖中寄贈

洗篆書

文曰永元四年造徐州王介亭收藏

洗文隸書

文曰永

洗篆書

文曰永初元年造

洗篆書

文曰永和二年朱根造作

魚鷺鳥先文篆書

之洞案朱根嫪朱提之訛下朱提同

文曰永和三年造作一山言得于濟寧

洗隸書

文曰永建元年未枑造旁作雙魚形蔡伯海搨本

洗隸書

文曰富貴昌宜侯王

洗隸書

文曰日昌宜侯王子孫左右作鳥獸形

雙魚洗隸書

文曰太歲在甲戌初平五年吴師作宜子孫江寧司馬

氏搨本

洗隸書

文曰更甲

吉羊洗篆書

作羊形其旁文曰吉祥　吴縣陸貫夫搨本

洗二種隸書

文曰宜子孫一大興翁氏搨一洪洞李梅村收藏

雙魚洗篆書

文曰長宜子孫長生堂搨本

𡉚弄

文曰平陽封宫桐鄉金氏收藏

鬲 篆書

文曰五同閣學芸臺阮公揭於青州

建安弩機 八分書

文曰建安二十四年四月十三日所市八千五百師檜

福番禺潘氏收藏

弩機 隸書

文曰正月三十日白鳥等字大興翁氏揭本

鐘隸書

文曰□□西□安世琟鐘等字家藏搨本

真定西宮欵篆書

家藏搨本未祥其篇

尃八分書

文曰中平在江南揚州洪氏建矦家

魏金文

帳構銅文八分書

文曰景初元年五月十日中尚方造長一丈廣六尺澤漆平坐帳上廣構重二斤十兩揚州方西疇収藏

香鑪文八分書

文曰正始六年五月十五日中尚方造銅香鑪重三斤第廿六易從吳門購得

之迴峯小蓬萊閣金石目稿本云乾隆壬寅得于儀封市上

晉金文

太康鏡隸書

文曰明亮觀人豺虎服增官女宜子孫攘除悪物樂未央太康元年□□辛未作此境易得於儀封河上

釜文隸書

文曰太康三年八月六日右尚方造一升銅釜重九斤七兩第一河南偃師縣韓太初收藏

鍾文隸書

文曰永昌元年二月四日小𨱑申雨造之易得汝齋字

文曰永昌元年八月造吴門陸謹庭寄贈

北魏金文

造彌勒像文 正書

皇興五年七月十八日靳還香為上父亡兄亡弟居家眷屬敬造彌勒像其左靳貯二字江寧司馬氏搨本

龜龕文 正書

文曰武定六年二月十六日通直散騎常侍大利行臺郎中侯陵□龕其上大吉二字鎮洋畢氏收藏

北齊金文

劉显造像文正書

天保八年　大興翁氏收藏

宮江期造像文正書

文曰武平五年正月十三日宮江期願家口平安造象一口寧武楊杏川署山東滕縣令時購贈

隋金文

造像文正書

開皇元年 易 得於曲阜

顔□造象正書

開皇十九年　山東曲阜顔氏收藏

張□□造象正書

仁壽三年　陸直之從濟南購贈

鈴文正書

文曰大隋大業二年三月廿八日弗弟子前下□□□

右臨長史姜□營□平起將軍青者督綰正劉懸折

造鈴一口願法男衆生咸登大道易得于濟寧

唐金文

寶室寺鍾銘正書

貞觀三年　在陝西鄜州城樓上

趙婆等造像銅刻正書

貞觀二十一年文曰夫真容疑寂等字六行銅面範金

小楷秀整濰縣于秀才携来摹拓今歸夏邑張刺史

度收藏

景龍觀鐘銘正書

景雲二年　睿宗御製在陝西西安府咸甯迎祥觀

崔守人拓本紀作考跋

趙義成造象文正書

垂拱二年　何夢華得於山東曲阜縣

高延貴造象銘

長安二年

李承嗣造象銘

蕭元眘造象

米均造像

姚元之造象

石龕阿弥陁像銘

觀音一軀及僧德感造像并減罪等字

長安三年

鎮軍大將軍義深題名

以上八種俱正書在陝西西安府花塔寺

開元造象文行書

文曰開元十一年五月五日尉行忠妻爲男口七口敬

造浮圖一拾又將故像一區合家一心供養宏口趙晋

齊尋今西安

尉忠造象座文

文曰開元十八年九月十六日尉忠為亡母敬造業道

藥師觀音三區同塔宋芝山得于陝西寄贈

通真道院鐘文正書

開元二十九年女道士蔡淨廉等造在江西南安府

張處万造像文楷書

額曰大唐文曰天寶五載五月廿日上為皇帝下為一

切蒼生又為七代先亾今為見存父母敬造阿彌陁像

一鋪佛弟子張處万一心供養此器銅質金鎏先子所

唐開元寺鐘文　長興三年在饒州府

寶并得銅像一鋪

靈寶院鐘文 正書

大歷十四年　在河南句容縣茅山

河南河乃江字之譌

貞元鐘文 正書

貞元元年　在直隸衡水縣

寶應寺鐘文 正書

大順元年　有撫州刺史危全諷等名朱六衣書在江

西撫州府

同魚符篆書

文一面曰陽文一面曰陰其下正書曰武德　八府京

三安邑宋芝山搨本

虔州百勝判官陽坤題名正書

天佑元年　僧義全書在江西南安府通真道院鐘

上

八卦鏡文篆書

文曰長庚之英白虎之精隂陽相資山川效靈憲天之

則得地之寧分列八卦順考五行百靈无以逃其狀萬

物不能遁其形得而寶之福禄来成

青蓋鏡　篆書

文作両層一曰青蓋作鏡大克昌巧工制之成文章左龍右虎辟不祥朱鳥元武□於旁子孫富貴居中央一曰寒自入鏡自□吉可□□不芬桐鄉沈氏收藏

四靈十二辰鏡　正書

文曰練形神冶瑩質良工如珠出匣似月停空當眉寫翠對臉傳紅光含晋殿影照秦宮鐫書玉篆永鏤清銅桐鄉沈氏收藏

海馬葡萄鏡　正書

文與前同趙晉齋拓本

八卦鏡文篆書

文曰天地成日月明五嶽靈四瀆清十二精八卦貞富貴盈子孫寧皆賢英福禄并

鍾形鏡篆書

文曰匯墨斯鏡以口爾容

鍾形鏡篆書

文曰人鑑以形我鑑以心暗室屋陋上帝臨汝家藏

搨本

之泗案疑是暗室陋屋上帝汝臨八字

之河案款於照字之譌

鏡篆書

文曰白玉芙蓉匣翠羽琉璃帶等字嘉定瞿萇生

搨本

菱花鏡二種正書

文曰照日菱花出臨池滿月生官看巾帽整妾映點粧

成一隨園袁氏搨本一仁和趙素門搨本

仁壽鏡正書

文曰仙山並照智水齊名花朝艷采月夜流明龍盤五

端鸞舞雙精傳聞仁壽始驗銷[illegible]

鏡文
文曰團〻寶鏡皎〻昇臺鸞窺自儛照日花開臨池
似月都貌嬌来
方鏡
文作八卦隨園袁氏搨本
方鏡篆書
文曰長容富貴
盤龍鏡正書
文曰盤龍麗匣舞鳳新臺鸞驚影見日曜花開

團疑璧轉月似輪廻端形鑒遠瞻照光来

淮南鏡　正書

文曰淮南起照仁壽傳名畫禽疑動含花若生圖形

覧質万代為貞

玉臺鏡　正書

文曰玉臺希世紅粧應圖千嬌集影百福来扶明齊

滿月光類圓珠銘鐫几杖字刻盤盂陽湖孫氏收藏

後唐金文

澤州李嗣昭鐘文正書

天祐十一年　在山西鳳臺縣元妙觀

後晉金文

溪州銅柱記正書

天福五年一李宏皐撰馬希廣造在湖南振州城外

溪中

祇園寺舍利塔題名正書

顯德五年　在浙江蕭山縣

吴越金文

金塗塔瓦正書

右銅瓦一片正面作佛像其陰文曰吴越國王錢宏俶敬造八萬四千寶塔乙夘歲記其下有人字桐鄉金氏收藏

金塗塔正書

右銅塔四面其陰文曰吴越國王錢宏俶敬造八萬四千寶塔乙夘歲記下有保字山陰雲騎尉陳默齋得于

呂興

後吴金文

大安寺鐵香爐銘　正書

太和二年　在江西南昌府城内

南漢金文

光孝寺鐵塔文 行書

文曰大漢皇帝以大寶十年丁卯等字八行又内侍龔澄樞女弟子鄧氏等題名在廣州光孝寺西院

南唐金文

龍興寺鐘銘正書

乾德五年　林仁肇記在江西南昌府

宋金文

都虞侯印文

篆文曰拱聖下十都虞侯之記款正書曰端拱二年四
月鑄海寧吴氏收藏

甘露陁羅尼經正書

淳化元年　大德敬昭記在江西撫州府寶應寺鐘
上

鐵柱經文

淳化元年　董斐正書在湖南長沙府鐵佛寺

第一指揮[illegible]文

篆文曰壯勇第一指揮第五都朱記款正書曰淳化

四年九月鑄

安南昭光寺鐘文 正書

首曰□仁路外星罟户鄉天屬童社昭光寺鐘銘後

署皇越昌符九年胡宗鷟撰阮廷琦書在廣東廣州

府學 是時乃宗天聖三年

守庫鐵人欵字 四段正書

治平元年及熙寧二年有都維那呂榮等名在河

南登封縣中嶽廟化三門外東偏

通利軍鐘文正書

紹聖四年　有通利軍都巡撿使康在河南孟縣

鐵桶文正書

建中靖國元年李諒造山東泰山岱廟

黄澄題字正書

崇寧三年　在江南句容縣茅山靈寶院大歷鐘上

爐文篆書

之洵案宋犯宗字之諱

用

忠州團練使印文篆書

款正書曰乾道三年文思院鑄

爵文篆書

文曰精忠報國又款曰岳珂建造桐鄉金氏収藏

豐潤鼎文

篆文曰惟甲午八月丙寅帝若稽古肇作宋器等字

五行似宋之物在直隸豐潤縣學宮

銅洗文篆書

文曰非非而行非之大者也云云似宋人格言

金金文

永慶寺鐘文正書

貞元二年　在山東德州

大明禪院鐘文正書

大定二十四年　沙門義琛并進副尉寧鄉鎮商

酒同監王資等造在山東肥城縣城内

泰和鐘文正書

泰和三年　在山東汶上縣宝相寺

二弗申兄正書

無年月　似金時鐘文

鐵鐘文

大安三年　皇帝萬歲重臣千秋八字八分書泗水縣　鐘匠人李勍等名書在山東鄒縣南門城楼

雙鐵獅欵正書

正大二年　王春等施造在河南嵩山中嶽廟大殿前

忠孝軍印文篆書

貞祐三年　文曰忠孝軍彈壓印在山東濰縣于秀

才家

鐵袈裟三字八分書

無年月有篆文數行漫滅莫辨在山東長清縣靈

巖

之洒案嚴子進江寧府金石記靈谷寺周辟邪鐘至元二年能仁寺僧所鑄即此然則在字下脱空當是江南上元鍾山六字也因據補入讀者審

之洒案寶下疑是鈔字

元金文

集慶路能仁禅寺鐘文篆文

至元二年　後列道洽等名在江南上元鍾山靈谷寺

鐵鐘欵正書

至元二年　有僧覺訓等名在南河南登封縣少林寺

東廊

至元鈔文正書

文曰至元通行寶口壹貫

鐵盧文正書

至元十七年　在河南登封縣中嶽廟峻極殿正階

下

至元權文正書

文曰至元二十九年益都路嶧州造在大興翁氏收藏

元貞權文正書

文曰元貞元年大興翁氏收藏

雙鐵獅文正書

文曰口門師子一對鎮宅大吉安陽縣北銅治匠人付興男付政造元貞二年十二月在山東濟寧河督署

之河案在字衍

東　關忠義廟前

棲霞萬壽宮鐵鐘文 正書

元貞二年　有河南府路總管府坛兀女哈的迷失
等名在河南洛陽縣白馬寺

大德權文 正書

文曰大德七年勘相同匠人李成真定路押大興
翁氏收藏

鐵鐘文 正書

寺

鐘文

至大元年　皇帝萬歲重臣千秋八字篆書款曰

磁州滏源縣臨水鎮功德王扈元等名正書在河南

衛輝府城隍庙

程自元題名正書

至大二年　在江西南安府通真道院鐘上

皇慶權文正書　旁列蒙古文

文曰皇慶元年總管府造大興翁氏收藏

銅爐文篆書

延祐二年宗陽宫住持杜道堅造在杭州西湖法相

寺定光古佛前

延祐權文正書

文曰延祐四年總管府造大興翁氏收藏

至治權文正書　旁列蒙古文

文曰至治元年大都路造二十五斤秤大興翁氏收

藏

泰定權文正書

文曰泰[illegible]大興翁氏收藏

簠文正書

文曰再至元巳卯孟冬長蘆儒學奉大都河間等路都轉運塩使司置監造學正孔克中姑蘇銅匠鍾宗鑄易得于濟寧令歸阮閣學芸臺收藏

至順權文正書

文曰至順四年王益都路較勘相同大興翁氏收藏

至正權文正書

文曰二十五斤至正元年七月日官鍾大興翁氏收藏

烏龍廟鐘欵正書

至正十八年朝列大夫于應辰監造在浙江杭州萬松嶺

小蓬萊閣金石目

丙午十二月上浣
彙錄于闌陽
之快吉堂

小蓬萊閣金石目

三代石刻

岣嶁碑 篆書 夏禹王 衡山

宋何致摹刻于長沙嶽麓書院 嘉定壬申

比干銅盤銘 篆書 周武王封

元王公悅從汝帖摹刻 明萬曆十五年周思宸重摹

在汲縣比干廟內

石鼓文 篆書

在國學戟門下壁間 附元至元己卯潘迪音訓刻石

周穆王 吉日癸巳 篆書

宋摹刻本在贊皇縣學

比干墓題字 隸書
在汲縣比干墓上

季札墓題字 篆書
唐蕭定重刻本在鎮江丹陽縣延陵鎮吳季子廟

秦石刻

泰山石刻 篆書 原在岱頂碧霞元君 今不存

石在山東泰安府

嶧山石刻 碑 篆書 淳化四年 宋重刻 本在西安府學 碑 鄭文寶記

陝西

琅琊臺石刻 碑 篆書 在諸城縣

衛字瓦文 隸書

漢石刻

魯孝王刻石　隸書

五鳳二年　在曲阜縣孔廟 後刻金明昌二年高德裔記

祝其卿上谷府卿墳壇石　篆書

居攝二年　在曲阜縣孔廟

漢中太守鄐君開通褒斜道碑　隸書

永平九年　在褒城縣北石門 并宋晏袤釋文 八分書石刻

慮俿銅尺文　篆書

建初六年　在曲阜縣孔廟

郭巨石室畫像并題字

永建四年　在肥城縣孝堂山　乾隆辛

丑四月易始搨得

敦煌太守裴岑紀功刻石　隸書

永和二年　在巴里坤鎮西府北園　關忠武廟

仙集留題字　八分書

漢安元年

漢故益州太守北海相景君銘并碑陰篆額　八分書篆額

漢安二年　在濟寧州學傍

司隸校尉楊孟文石門頌　八分書

建和二年　在褒城縣北石門內

魯相乙瑛置孔廟百石卒史碑　八分書

永興元年　右孔和碑　在曲阜縣孔廟　後有宋嘉祐七年張稚圭題字

故宛令益州刺史李君神祠碑　八分書并額

永興二年　右李孟初神祠碑　在南陽府

孔謙碑　八分書

永興二年　在曲阜縣孔廟

魯相韓勅造孔廟禮器碑　并碑陰及兩側　八分書

永壽二年　在曲阜縣孔廟碑陰有熹平題

右

漢故郎中鄭君之碑　八分書篆額

延熹元年　在鄭右鄭固碑在濟寧州學初

止上段州人李鯤於雍正戊申得下段乾隆

戊戌易與李鯤之子東琪見上段有字嵌入

座內未訛出之復得九行行十二字

有漢泰山都尉孔君之碑并碑陰八分書篆額

延熹四年　右孔宙碑在曲阜縣孔廟

泰山都尉孔君之碑
陰　八分書篆額
延熹七年　右孔宙碑
曲阜縣孔廟

蒼頡廟碑　并碑陰及兩側　八分書
延熹五年　在白水縣史官村黃龍山廟内
碑首有宋嘉祐刻字
淮源廟碑　八分書
延熹六年　元至正四年吳炳重書　本在桐柏縣
漢故太尉楊公神道碑　八分書篆額
右楊震碑原石在閿鄉縣此搨疑僞作
漢故高陽令楊君之碑　八分書篆額
右楊著碑原石在閿鄉縣此搨疑僞作

漢故衛尉卿衡府君碑

建寧元年　右衛方碑在汶上縣郭家樓野

中

竹邑侯相張壽碑　八分書

建寧元年　在城武縣學

漢故執金吾丞武君碑　八分書并額但

建寧□年　在濟寧州學

孝廉柳敏碑　八分書

建寧二年　原石在蜀中　此搨疑僞作

魯相史晨請出家穀祀孔廟碑　八分書

建寧二年　在曲阜縣孔廟　後有周天授二年馬元貞等題字

魯相史晨饗孔廟後碑　八分書

建寧□年　在曲阜縣孔廟　史晨祀孔廟碑之陰　後有周天授二年馬元貞等題字

淳于長夏承碑　八分書

建寧三年　明嘉靖四年重刻在廣平府漳

川書院

武都太守李翕西狹頌　八分書

黽池五瑞圖碑 八分書

在成縣

漢故博陵太守孔府君碑 并碑陰八分書篆額

建寧四年 右孔彪碑在曲阜縣孔廟

漢故陳君之碑 并碑陰八分書篆額

建寧四年 右陳德碑褚峻金石圖云在沂

州東南數十里田間今莫可考疑即褚峻僞

作也

漢故豫州從事孔君之碑 八分書并額

建寧四年　右孔裒碑在曲阜縣孔廟

武都太守李翕析里橋郙閣頌　八分書

建寧五年　在略陽縣

成陽靈臺碑　八分書

建寧五年　原石在濮州此舊搨重刻本

漢故司隸校尉忠惠父魯君碑　并碑陰碑額　八分書

熹平二年　右魯峻碑在濟寧州儒學

司隸校尉楊淮碑　八分書

書
熹平三年 在曲阜
孔廟韓勅碑陰
凡二石等字上下

豫州從事尹宙碑 ……

熹平四年 在鄢陵縣學碑陰有元皇慶……

年

漢循吏故聞憙長韓仁銘 八分書篆額

熹平四年 在滎陽縣署銘後有金正大五

年趙秉文題及李獻能李天翼題字 在滎陽縣署

石經尚書殘碑 八分書

石經論語殘碑 八分書

熹平四年 原石在洛陽宋時止有殘石乾

……
熹平四年
……
八村……

□從事李君□碑 八分書篆額
熹平六年 在鄆城縣

隆丁酉易得宋搨本

校官之碑 并碑額八分書

光和四年　右潘乾校官碑在溧水縣學

陰 元至順四年單禧刻釋文并跋

漢故涼州刺史魏君之碑 八分書篆額

光和四年　右魏元丕碑宋搨本　原石在萊

州

白石神君碑 并碑陰八分書篆額

光□六年　[illegible]　後補[illegible]三年

合陽令曹全碑

中平二年　在郃陽縣學（儒）

尉氏令鄭季宣碑　并碑陰八分書篆額

中平二年　在濟寧州學（儒）

漢故穀城長蕩陰令張君表頌　并碑陰篆額（俱八分書）

中平三年　右張遷碑在東平州學（儒）

漢故王君之碑　并碑額篆書

中平[redacted]（二）年

潘寧跋云此碑搨自蜀中未詳其地疑僞作

漢故幽州刺史朱君之碑 八分書篆額

中平二年 舊搨重刻本原石在亳州

漢故小黃門譙君之碑 八分書篆額

中平四年 右譙敏碑舊搨重刻本原石在

棗強縣

魯王墓石人刻字 篆書

在曲阜縣張屈莊魯王墓前

魯相謁孔廟殘碑 八分書

唐□□碑 八分書篆額

在城固縣胥鄉

漢殘碑 八分書

右俗名竹葉碑在曲阜縣顏樂清家

膠東令王君廟門斷碑 八分書

在濟寧州學乾隆四十年州人李東琪得于松

歌風臺碑

在沛縣相傳為曹喜書

漢殘碑 八分書

右碑首曰自然之性中有司徒掾孔繼涵命

曰司徒残碑

廿三字残碑 八分書
在碑背中稱第七孙等字

在郃陽縣康孫家

李京等題字 八分書

皆曰五官掾日日掾至下辨李京字長卿等字

平狄將軍扶溝侯朱鮪石室画像并題字 八分書

石室在金鄉縣城西北三里 乾隆丁酉戶部主

事孔繼涵搨贈数 嗣河决室淤甲辰夏易

有朱長□之墓五字及漢嘉□吉祥等字

漢画像 刻車馬人物

在濟寧州城內晉照寺大殿西堦下乾隆戊戌

與李東琪搨得

瓦文三十一種 篆書

近時關中掘地得之

民故武都太□等殘碑 八分書

在華陰縣華嶽廟近時脩廟所得

武梁祠堂画像 八分書

原石在濟寧州今揚州汪氏家有唐搨本易摹得寄

安邑宋葆淳重刻拓本

射陽石門畫像並題字　八分書

右畫像二幅一石上刻孔子見老子像中下二層刻人物其一上層刻[illegible]并形中層作牛首銜環下層刻二人[illegible]執刀古意

近為汪中所得

都太守耿勳碑 隸
熹平三年 在成縣

鉤摹漢碑

西嶽華山廟碑 八分書篆額

延熹四年 原石在華陰縣今朱學士筠有

宋搨本翁樹端爲易鉤摹

漢故繁陽令楊君碑 八分書篆額

熹平三年

漢故沛相楊君之碑 八分書篆額

熹平元年 右二碑原石在閿鄉縣今陝西

安察使王昶有搨本易摹得疑是爲作

原石在梓潼縣今仁和姚官之有搨本

漢元儒婁先生碑 八分書

原石在光化軍有趙靈均寫本

淳于長夏承碑 八分書

原石在廣平府今王吏部澍所鈎宋搨本

劉熊碑 八分書

原石在延津縣今新安巴慰祖儁雙鈎刻本

魏

魏公卿將軍上尊號奏　八分書篆額

黃初元年　在臨潁縣

受禪表并碑陰　八分書篆額

黃初元年　在臨潁縣

魯孔子廟之碑　八分書篆額

黃初元年　右孔羨碑在曲阜縣孔廟有年號 宋嘉祐七年張稚圭題字

十八字殘碑　八分書

左碑石二片一曰我田等字一曰處老字

[illegible]

古廬江太守范府君碑

青龍二年　右范式碑宋搨本乾隆戊戌膠州李鐵橋得碑額于濟寧州學◯龍門下◯求正碑原石不可得

帳構銅文　八分書

景初元年　在揚州方西疇家

東武侯王基碑　八分書

景元二年　在洛陽縣

潘宗伯韓仲元李苞通閣道題名　八分書

景元四年　在襄城縣右門内

吳

寶鼎甎文　隸書

寶鼎二年　在海鹽縣

九真太守谷朗碑　八分書

鳳皇元年　在耒陽縣杜甫祠

天發神讖文　篆書

天璽元年　在江寧府學

吳故衡陽郡太守葛府君之碑　正書

晉

太康鏡文 篆書

太康元年　乾隆壬寅得于儀封河上

晉故散騎常侍新平廣漢二郡太守尋除楚內使御史中丞使持節大都督塗中京下諸軍事平西將軍孝侯周府君之碑 正書

大興二年　右周處碑陸機撰王羲之書唐元和六年義興縣令陳從諫重立在宜興縣

前秦

鄧太尉祠碑　八分書

建元二年　右鄧艾碑在

廣武將軍碑　并陰八分書

建元四年　在宜君縣

梁

梁故侍中撫將軍開府儀同三司吳平忠侯蕭公之神道 反寫 正書

右（蕭）梁景闕在江寧花林村

梁故侍中司徒驃騎將軍始興忠武王碑 正書 并額

右蕭憺碑在江寧攝山道中 普通三年 徐勉撰 貝義淵書

梁故散騎常侍之司空安成康王碑 正書 （分）碑額八分書

右蕭秀碑在江寧攝山道中 天監十七年

瘞鶴銘 正書

井闌題字 正書

天監十五年 在句容縣城守營後孫明徑

星衍所得

後魏

寇天師修中嶽廟碑　正書

太安二年　在登封縣

邑子像碑　正書　并額

太和七年　（孟廣達文蕭顯慶書在洛陽縣）　右孫秋生等造石像碑

孝文皇帝弔比干墓文　正書

太和十八年　在汲縣

洛州刺史始平公像記　正書　陽文

太和十二年　□達文朱義章書在洛陽縣

比丘法生造象碑 正書
景明四年 在洛陽縣
道民馮神育等造像碑 正書
正始二年 在
石門銘并序 正書
永平二年 王遠撰 在褒城縣北石門內
華州刺史安定王造象碑 正書
永平四年 在洛陽縣
雒州刺史刁遵墓銘 并碑陰 正書

魏故持節龍驤將軍督營諸軍事營州刺史征虜將軍大中大夫臨青男崔公之墓誌銘 右崔敬邕碑

正書 熙平二年 陳奕禧跋云碑在安平縣學鄧賢祠壁 曲阜孔中諭繼涑重刻

熙平二年 在南皮縣歸樂陵劉克綸家

門師張輳等七十人造像碑 正書

神龜二年 在

邑師惠感等造彌勒像碑 正書

神龜三年 在洛陽縣

濟□相涼翔恒六州刺史高植碑 正書

神龜□年 南宮清頌之 在德州田氏

魏

魯郡太守張猛龍碑 并碑陰 正書 碑額 正書

右張猛龍碑

正光三年 在曲阜縣孔廟

懷令李超墓誌

正光五年 右李超碑

中岳嵩陽寺碑銘序 八分書

天平二年 在登封縣

魏故假節督齊州諸軍事輔國將軍齊州刺史高公墓誌銘 正書

元象□年 右高湛碑在德州封漢棠家

禪静寺刹前銘 敬史君之碑 并碑陰正書

興和二年 右敬顯儁碑在長葛縣

魏故勃海太守張府君 正書并額 興和三年 在靈壽縣城内佛寺 見陸清獻公靈壽縣志載此碑 乾隆乙未[illegible]

王敬造石象碑 武定六年 正書 在涿州

碑乃北齊

山麻手崖字 八分書 比丘舍利[illegible] 凡五十二[illegible]

李仲璇修孔廟碑 并碑陰 正書

興和二年 在曲阜縣孔廟

邑子季洪演造象碑 正書

武定二年 [illegible]

太公呂望碑 正書

武定八年 穆子容撰 在汲縣

文殊師利碑 水牛山佛經 正書并額

首曰尔時世尊等字 在寧陽縣水牛山

魏兗州刺史呂[illegible]之碑 并碑額 正書

在兗州府學石[illegible]

林慮山溫泉之頌 正書篆額

魏使持節散騎常侍都督雍州諸軍事安西將軍雍州刺史松滋公河南元萇振興

另元至正十二年李彌等記

在臨潼縣靈泉觀

陸渾縣功曹魏靈藏造像碑 正書

大魏故

在洛陽縣

渤海太守張府君之碑 正書 并碑額

在靈壽縣城內佛寺 見陸清獻公 靈壽志 能其[illegible]

據縣志載此碑乾隆七年搨得

北齊趙郡王高叡碑 并碑額正書

天保八年 在靈壽縣祁林院見陸清獻公

縣志乾隆乙未搨得聞地癖多虎患不可復

搨

孔子廟碑 八分書篆額

乾封元年 在曲阜縣孔廟

合邑諸人造七佛寶像記 正書

元三年 在

武平元年 在登封縣少林寺

隴東王感孝頌 八分書篆額

武平元年 申嗣邕撰梁恭之書 在肥城縣孝堂山郭

巨石室外西壁上

朱岱林墓碑 正書

武平二年 在壽光縣

比邱僧道略等造象碑 正書

武平二年

邑義王口一百人造靈塔碑　正書

武平三年　在兖州府城內湯氏

司空青州刺史臨淮王像碑　八分書

武平四年　在右婁定遠碑存

武平造象碑　止有上段　正書

武平五年

比邱尼圓照等造彌勒像碑　正書

武平六年　在慶雲縣菅家寺

武平大年

象主韋仇許娘等造像碑 正書

右碑無年月與朱岱林碑書體相似定為齊

碑在汶上縣辛家海 關帝廟

清河王高岳造西門豹祠碑 并碑陰 八分書

在安陽縣城隍廟

後周

華嶽頌　八分書

天和二年　万紐于謹文趙文淵書在華陰

縣華嶽廟[redacted]有宋熙寧癸卯劉敞等

題字

尚少兩側字

隋

恒州刺史鄂國公為國勸造龍藏寺碑 并碑陰碑額正書 并側

開皇六年　張公禮撰　在正定府龍興寺

邑子□元起等造象碑 并碑側正書

開皇八年　在

大隋南宮令宋君象碑 并碑陰碑側八分書 篆額

開皇十一年　在南宮縣城內尼寺乾隆甲

午七月易見邢侗所戴撰縣志載此訪得拓

搨之

洺州南和縣澧水石[illegible]

大隋
邢州南和縣澧石□橋纍文碑　八分書篆額
開皇十一年□

右二碑在南和縣乾隆乙未縣令吴璟搨寄

碑陰有明嘉靖十二年書易宗周二詩并子夢圖篆書題字

都邑主杜乾緒等造像記　正書

開皇十二年　在

行唐邑龕妙法蓮華經觀世音普門品　八分書

開皇十三年　合龕主韓長秀　在曲陽縣少容山乾隆乙未署

縣令周震 震榮搨得

曹子建碑 正書 開皇十三年 在東阿縣

大隋

安喜公李使君碑 八分書 篆額

開皇十七年 在乾州上官村

諸佛

舍利塔銘額 八分書

仁壽元年 在大荔縣 有楊涟宗等題銘

大隋皇帝舍利寶塔下銘 正書 石作圓形

二年十一月 在河南府文廟東中

鄭州刺史李淵爲子祈疾疏 行書

大業二年 在鄠縣草堂寺 又

平越將軍劉昞振造鈴文 行書

大業二年 右銅鈴易得于濟寧

遵德鄉磚文 正書

大業三年 右磚定海藍嘉瑄得于濟寧鄉

間乾隆戊戌贈易收藏

大隋使持節柱國靈州總管海陵郡賀若使君之碑 正書

右賀若誼碑在興平縣學

陳明府修孔廟碑　八分書

大業七年　仲孝俊撰　在曲阜縣孔廟

隋故右屯衛大將軍……恭公

左光祿大夫姚辯墓誌銘　正書

大業七年　在姚辯墓誌　虞世基撰歐陽詢書重刻本

智永千文　正草二體書

宋大觀己丑刻在西安府學　有薛嗣昌跋

寶慶寺瓦文　篆書

唐

觀音寺方碣　正書

武德五年　陸德明撰在汜水縣王留村觀

音寺

大唐宗聖觀記　八分書碑額正書

武德九年　歐陽詢撰序并書陳村達撰銘在

盩厔縣樓觀

孔子廟堂之碑　正書　圖

武德九年　虞世南撰并書一在西安府學

一在城武縣學

孔子廟詔表碑 八分書

武德九年 在曲阜縣孔廟

隨柱國宏義明公皇甫君碑 正書

右皇甫誕碑于志寧撰歐陽詢書在西安府學

寶室寺鐘銘 正書

貞觀三年 在鄜州城南樓上

等慈寺碑 正書 [illegible]

貞觀二年　顔師古撰在汜水縣等慈寺

幽州昭仁寺碑　正書

貞觀四年　朱子奢撰碑後宋張淳張重題

字在長武縣城東隅

化度寺故僧邕禪師舍利塔銘　正書

貞觀五年　李伯藥文歐陽詢書重刻本在

佚

九成宮醴泉銘　正書篆額

貞觀六年　魏徵撰歐陽詢書并篆額在麟

遂昇大唐昇宮故基

唐故特進尚書右僕射虞恭公溫公之碑 正書篆額

貞觀十一年 右溫彥博碑岑文本撰歐陽

詢書在醴泉縣烟霞洞

唐故光祿大夫張府君碑 正書毋篆額

睢州刺史張琮

貞觀十三年 右張琮碑在咸陽縣雙照村

于志寧撰文

大唐左屯衛將軍姜行本勒石之記文 正書

貞觀十四年 在太真詞具在鎮西府松樹

司馬

塘

伊闕佛龕之碑 正書篆額
貞觀十五年 岑文本撰 褚遂良書 在洛陽 洞
縣龍門山賓陽西壁間
薛收國子[illegible]碑 正書篆額
大唐故右衛大將軍揚州都督段公之碑 正書
貞觀十六年 右庶衍琛碑在醴泉縣莊河 儀門
村
贈比干太師詔并祭文 八分書
貞觀十九年 薛純陁書 在汲縣
晉祠之銘并碑陰 行書碑頭飛白書

太宗屏風碑 草書

宋嘉泰甲子刻在餘杭縣廳壁

大唐故右僕射司徒申文獻公瑩兆記 正書

貞觀十一年 右高士廉碑 許敬宗撰趙模書在醴泉縣

北烟霞洞

大唐故國子祭酒曲阜憲公孔公之碑銘 正書篆額

貞觀二十二年 右孔穎達碑于志寧撰在

醴泉縣西谷村

大唐蜀王師盖府君碑　并碑陰碑側碑額俱正書

貞觀二十三年　右盖文達碑于志寧文李

□□正書在衡水縣

隨文州揔管光御祿御陸使君碑　并碑額俱正書

貞觀二十七年　右陸讓碑陳□□撰鄭儼

書在

大唐故左僕射上柱國太尉梁文昭公碑　正書篆額

右房元齡碑褚遂良書在醴泉縣烟霞洞

永徽四年　太宗御製褚遂良書

大唐三藏聖教序記　正書

永徽四年　高宗御製褚遂良書　右碑俱在

西安府城南慈恩寺塔下

萬年宮銘　并碑陰　篆額

永徽五年　高宗御製行書碑陰諸臣正書

在麟遊縣北九成宮故基

大唐太子少保上柱國潁川定公之碑　正書　篆額

永徽六年　于志寧文王行滿書　在富平縣　（韓仲良碑）

大唐三藏聖教序 正書

顯慶二年　王行滿書在偃師縣店北寺前 今在學宮

唐故開府儀同三司尚書右僕射司徒衛景武公碑 正書篆額

顯慶三年　右李靖碑 許敬宗撰　王知敬正書　在醴泉

縣北烟霞洞旁

上西嶽書 行書篆額

新是[illegible]

李靖文碑在華陰縣 [illegible]縣令姚遠翻 埋藏今

復重刻盖偽作也

大[illegible] 正書

顯慶三年　上官靈芝[illegible]

百塔寺今在郃陽縣庫

大唐故司徒并州都督鄂國忠武公之碑　正書篆額

顯慶四年　右尉遲恭碑許敬宗撰在醴泉縣北趙村

紀功之頌　行書碑額飛白八分書

顯慶四年　在汜水縣

大唐故蘭陵長公主碑　正書

顯慶四年　李義府撰在醴泉縣老軍營西

道士郭行真岱嶽題名　正書　顯慶六年　在泰山老君堂

夫人程氏塔銘　正書
龍朔元年　在西安府城南

大唐故冠軍大將軍代州都督許公之碑　正書篆額
龍朔二年　在醴泉縣北趙村　（右許洛仁碑）

大唐三藏聖教序并記　正書
龍朔三年　在同州府

大唐故翻經大德益州多寶寺道因法師碑文并序　正書
龍朔三年　李儼文歐陽通書在西安府學

大唐故[illegible]郎守[illegible]君墓志銘　正書

麟德元年　右李文砥在同州府金塔寺

○隴州刺史碑　八分書

麟德元年　在

○大唐故柱國燕國公于君之碑　正書

乾封元年　右于志寧碑令狐德棻撰子立政書在三原縣北三家店

○大唐紀國故先妃陸氏之碑銘　正書篆額

乾封元年　在醴泉縣北西屯村

○大唐贈泰師魯國孔宣公碑　八分書

大唐故道安禪師塔銘 正書
乾封元年 崔行功文孫師範書 在曲阜 移孔廟
總章元年 在西安城南百塔寺
大唐故左武衛大將軍淄川公李府君碑 正書 篆額
咸亨元年 右李孝同碑諸葛楨書在三原
縣北三家店
碧落碑 篆書
咸亨元年 在絳州 李訓誼撰
大唐□將軍長□□卑 正書 篆額

咸亨二年　[illegible]

在醴泉縣北馬蘇寨西谷村

大唐三藏聖教序記并心經　行書

咸亨三年　僧懷仁集晉王羲之書在西安府學

金剛經　正書

咸亨三年　王知敬書在登封縣少林集寺

孝敬皇帝叡德記　行書碑額飛白八分書

上元二年　高宗御製并書在汜水縣　偃師

大唐故右驍衛大將軍薛國貞公阿史那府君之碑　正書

上元二年　在醴泉縣北西[illegible]村

宣義郎周遠志等造彌陀像文　正書

上元二年　在

攝山棲霞寺明徵君之碑　行書　吕篆額

上元三年　高正臣　王知敬書　在江寧

周豫州刺史淮南公杜君之墓誌　正書　篆額

大德寺碑　正書　上元三年　在[illegible]

崇法善[illegible]觀[illegible]　正書

儀鳳三年　在泰山[illegible]

大唐禕之之碑 [illegible]

右褚亮碑在醴泉縣北烟霞洞

大唐天后御製詩 正書

永淳二年 王知敬書在登封縣少林寺

□氏故妻王三娘墳記 正書

神龍二年 在西安府城南十里

大唐洛州榮陽縣頭陀逸僧識法師上頌 [redacted] 聖主興

滑臺令盧公清德之文 八分書

神龍三年 劉穆之蒐王守楷書在榮陽縣

榮陽縣令盧正道敕 明 正書

道士阮孝波等岱嶽觀題名記 正書

神龍元年 在泰山老君堂

乾封元年上柱國

張懷貞等岱岳觀題名　石　景龍二年　在泰山老君堂

（造）杜太素等岱岳觀題名　景龍三年　同前

景龍元年　中宗御書在滎陽縣

道德經　正書

景龍二年　在易州龍興觀

大唐□寺故比邱法琬法師碑　正書

景龍三年　沙門承遠撰劉欽旦書在西安府

學

大唐洛州濟源縣宗姓奉為高宗天皇大帝於奉仙觀

敬造太上老君石像碑　正書

大唐懷州河內縣木澗魏夫人祠碑銘并序 路敬淳撰 垂拱四年 在河內縣

道士馬元貞岱岳觀題名 正書 天授二年 在泰山老君堂

大周中岳隱居王…

垂拱二年 王紹宗甄書在登封縣承天宮西

原

美原神泉詩并序 篆書

垂拱四年 書 在富平縣美原鎮

封祀壇碑 正書

萬歲登封元年 武三思撰薛曜書在登封

縣西萬羊岡

大周故豫州榮德縣丞梁君墓誌銘并序 正書

萬歲通天二年　右梁師亮碑在西安城南百

塔寺

浮圖銘　正行書　趙□撰　潘善廓等造

萬歲通天二年　在長葛縣

□牛□小石橋之碑　行書篆額

聖歷元年　在滕縣西灞陵橋華祖閣門前

乾隆乙巳　易過此搨得

昇仙太子碑　行書碑額飛白八分書

道士孫文儁　岱嶽觀題名　正書

萬歲通天二年　在泰山老君堂

桓道彥等　岱嶽觀題名　正書

聖歷元年　在泰山老君堂

關生元相造西向像并陰　[illegible]

鴻慶寺碑 在澠池縣

博城縣尺馬口早春陪駕侍御先生登岳詩

道士麻□□謁嶽觀題名 久視二年 在泰山老君堂

趙敬□嶽觀題名 正書 長安元年 在泰山老君堂

大雲寺皇帝聖祚之碑 行書篆額 大足元年 在猗氏縣

書在作臣縣紺山

明堂縣令東海于大猷碑 正書

聖歷三年 右于大猷碑在三原縣北三家店

游石淙詩 正書

秋日宴石淙序 正書

久視元年 薛曜書在登封縣右淙北崖

大周無上孝明皇后碑銘并序 正書

長安二年 右順陵殘碑武三思撰相王旦

書在咸陽縣署

漢忠烈紀公碑 并碑陰八分書篆額

長安二年　盧紀信碑盧藏用文并書在滎

澤縣紀公廟

高延貴造佛像銘　正書

長安三年

李承嗣造像銘　正書

長安三年

韋均造像銘　正書

長安三年

[illegible]　正書

姚元之造象銘 正書
長安三年

長安三年

石龕阿弥陀像銘 正書
長安三年
在王璿造象銘
王無惑書

觀音一軀及僧德感造象并滅罪等字 正書
長安三年

姚元景光宅寺造象銘 正書
長安四年

鎮軍大將軍吴義深等題名 正書

以上八種俱在西安花塔寺

周道士圖
周元爽等岱岳觀題名 正書
長安四年 在泰山老君堂

道士孝波 岱岳觀
長安師 題名 正書
長安四年 在泰山
老君堂

道士
楊太希岱岳觀題名 正書
景雲二年 在泰山老君

道士
呂皓仙岱岳觀題名 正書
景雲二年 在泰山老君堂

衛州共城縣百門陂碑銘 行書
長安四年 辛怡諫文張元悰記孫去煩書
在輝縣

唐故司空文貞公蘇府君之碑 八分書 篆額
景雲元年 右蘇瓌碑盧藏用書在武功縣

景龍觀鐘銘 正書
景雲二年 唐睿宗撰 在西安府城內迎祥觀

故唐朝議郎行雍州長安縣丞上柱國蕭府君墓誌銘 正書

太極元年　王利貞文在房山縣

大唐故亳州録事叅軍事上□都尉馮府君紀孝碑 八分書 篆額

先天元年　右馮本碑上段在西安府學下

段在高陵縣城西

周公祠碑 □□正書
開元三年　□□撰
在偃師縣

唐少林寺戒壇銘 正書

開元三年　沙門義淨製李邕正書在

大唐故嶲州都督贈幽州都督吏部尚書文獻公姚府

君碑銘 正書

開元三年　右姚懿碑胡皓撰徐嶠之書在

陝州張茅南二里許呂星鋪

大唐淨域寺故大德法藏禪師塔銘　正書

開元四年　田休光撰在長安縣終南山

大唐太常協律郎裴公故妻賀蘭氏墓誌銘　正書

開元四年　在長安縣終南山

大唐尹尊師碑　八分書　篆額

開元五年　員半千撰在盩厔縣樓觀

元大德元年　薛志真八分書篆額

……碑銘　正書篆額

飛騎尉大夫行給事梁恩隨青
伯假之州等与道士
任元名等岱岳觀題名 鄧
開元八年 在泰山老君堂

三家村

唐脩孔子廟墓碑 八分書
開元七年 李邕文張庭珪書在曲阜縣孔
廟

唐故雲麾將軍右武衛大將軍贈秦州都督彭國公謚
曰昭公李府君神道碑 行書篆額 雲麾將軍李思訓碑
開元八年 李邕撰并書在蒲城縣橋陵
李北海殘碑 行書

在有者寺書札帖之等字

大唐北嶽府君之碑 正書 右于碑
開元九年 韋虚心撰陳懷志書碑陰鄭放
等題字碑側仇文義等題字在曲陽縣北嶽
廟
鎮軍大將軍吴文碑 行書
開元九年 大雅集晉王羲之書在西安府
學

皇唐太宗文皇帝賜少林寺柏谷塢莊御書碑記
開元十一年　在登封少林寺

[illegible]

大唐御史臺精舍碑　并碑陰俱八分書　篆額
開元十一年　崔湜文梁昇卿書在西安府

大唐故中大夫守內侍上柱國渤海高府君墓誌銘　正書
東内使　學
開元十二年　右威衛　孫翌撰　在西安府署宇

大唐龍興大德香積寺主淨業法師靈塔銘　正書
開元十二年　畢彥雄文在西安府城南香
積寺

楊將軍新莊像銘　正書　開元十二年　在西安府花塔寺

鄎國公楊花臺銘　正書　在西安府花塔寺

大唐帝陵光業寺佛堂之碑　并碑額俱行書　開元十三年　楊晉文　在隆平縣

紀泰山銘　并額八分書　開元十四年　元宗御製并書　在泰山

大唐北嶽祠碑 正書 篆額
開元十四年 張嘉貞書 在曲陽縣北嶽廟

開元十四年

道安禪師碑 正書
開元十五年 宋儋撰 在登封縣戒壇西南

端州石室記 正書
開元十五年 李邕撰 在肇慶府 七星巖洞口 後刻宋乾道年陶定觀

大唐雲居寺浮圖頌 正書
開元十五年 王大悅撰 在房山縣

皇唐嵩岳少林寺碑 正書
開元十六年 裴漼撰并書 在登封縣

岳麓寺碑 行書

開元十八年 李邕文并書在長沙府岳麓

書院

太原王禪成造石浮圖記 行書

開元十八年 碑後有李白名在

大忍寺門樓碑 并[redacted]碑額俱八分書

開元廿一年 裴抗書在深澤縣 與化寺

太上元元皇帝道德經大唐開元神武皇帝注 正書

開元二十一年……

佛說尊勝陀羅尼經幢 開元十九年 大中八年

道士張游霧

楊璞等岳觀題名 開元十九年

乾封縣尉王□等岳觀

大唐宣化寺故[illegible]

唐謁郭巨祠堂記 楊傑撰 [illegible] 開元二十一年 在西安府城南 趙氏金石錄[illegible]

郭巨石室外楊傑題字（八分書）

開元二十三年 在肥城縣孝堂山隴東王

感孝頌後趙玢識 金石錄云李邕書

唐元氏縣令龐公清德頌 八分書篆額

開元二十四年 右龐履温碑 郄混之撰

蔡有鄰書 在元氏縣龍化寺 碑陰有崔伸海[illegible]

大唐故京兆府美原縣尉張府君墓誌銘 正書

隱高寺重修菩薩碑
石書崇元年撰書闕
書 開元廿五年

唐光祿大夫鄭曽碑 八分書
開元二十四年 右張昕碑在長安荆氏今歸畢秋帆中丞
開元二十四年 在河陰縣城東北野中今隸
滎澤縣
大唐故大智禪師碑 八分書 篆額
開元二十四年 嚴挺之撰史惟則書在西
安府學
唐嵩山會善寺故景賢大師身塔石記 行書
開元二□□年 □□□□□□□□書在

西山廣化寺三藏無畏不空法師塔記 正書

開元二十五年 在咸陽縣廣化寺

總管尉遲迥碑 八分書篆額

開元二十五年 在彰德府城北門內

有唐故杭州錢塘縣丞殷府君夫人顏君之碣 正書篆額

開元二十六年 顏真卿撰并書 在河南府

學道居寺天王殿前

大唐易州鐵像頌 行書

開元二十五（七）年　王端撰蘊靈芝書在易州

署

恒嶽積慶之碑　八分書篆額

開元二十七年　右楊珣碑元宗御製在

任城縣橋亭記　八分書篆額

開元二十六年　游芳文王子言書王曰雲篆

額在濟寧州學

大唐正議大夫使持節易州諸軍事守易州刺史兼高

開元二十八年　孫安貞撰蘇靈芝書在

定府學

夢真容碑　行書

開元九年　蘇靈芝書張九齡奏

夢真容碑　行書

開元二十九年　蘇靈芝書牛仙客奏

大唐太原府交城縣石壁寺鐵彌勒像頌　正書並額

開元二十九年　林諤撰房嶙妻高氏書在　蘊綜題款

交城縣

唐故特進莒國公唐府君之碑　正書　篆額

開元二十九年　右唐儉碑在醴泉縣小楊村

大唐金仙長公主神道碑　行書

徐嶠之撰　元宗御書　在蒲城縣賈堡

孝經碑

元宗御書　在西安府學

大唐北嶽神廟之碑　并碑陰　俱八分書　篆額

開元二年　鄭子春撰　崔鐶書　碑額　宋

劉端撰 王知敬書 在曲陽縣北嶽廟

〇大唐龍門石龕□□像記 行書

開元 年 在洛陽縣奉先寺

〇佛頂尊勝陁羅尼經 正書

開元 年 在

〇唐故東平太守碑 八分書 篆額

在濟寧州耿務村道旁

〇雲麾将軍李秀碑 行書

天寶元年　李邕撰并書此碑琢為柱礎完

平縣署有二石

兗公之頌　正書

天寶元年　張之宏撰邑文該書在曲阜縣

孔廟

元元靈應頌　八分書

天寶元年　戴璇撰序劉同升撰頌戴伋書

在盩厔縣樓觀

大唐平陽郡龍角山慶唐觀之聖祖玄元皇帝宮金籙

天寶二年　崔明允撰史惟八分書在浮山

縣

大唐寶際寺故寺主懷惲奉勑贈隆闡大法師碑銘 行書

天寶二年　懷惲及書在西安府學

大唐嵩陽觀紀聖德感應頌 八分書

天寶三年　李林甫撰徐浩書裴迴篆額在

登封縣嵩山書院

唐□清德頌 天寶 行書

[illegible]

石臺孝經 八分書 天寶四年 明皇注并書 太子亨篆額 後有李齊古表 明皇批答行書 後李林甫等題名 在西安府學

天寶五年　李大亮書在隆平縣　右王璠以　撰字

嵩山□□□故大德淨藏禪師身塔銘　行書

天寶五年　右碑即塼浮圖石盖銘在登封

縣

張雯萬造象銅刻　正書

天寶五年　此刻　先子得于都門

唐故逸人竇居士神道碑　行書

天寶六年　李邕撰殷清雲書在三原縣橋

此條未是碑浮圖銘乃是神禹開物

天寶六年　達奚珣文薛希昌書在濟瀆源
縣濟瀆廟
遊濟瀆記八分書　達奚珣文薛希昌書在濟源縣濟瀆廟
佛頂尊勝陀羅尼經呪石幢　行書　後係行書
天寶七年　張少悌書在西安府西門外崇
仁寺
大唐故潘府君墓誌銘正書篆額

泰山題名（青帝觀）首曰朝請大夫（使）等字 八分書
天寶八年 在泰山

佛說般若波羅蜜多心經 正書
天寶八年 丁思礼同
妻朱氏鐫 [illegible]
在長□鎮佛寺 宋
下層有妙智菩薩
平二年朱崇章元
年題名
在□鎮崇勝寺

天寶七年 在西安府近時出	
大唐博陵郡北嶽恒山封安天王之銘 并碑陰 俱八分書 篆額	
天寶七年 李荃撰 戴千齡書 碑陰康傑撰	
戴千齡書 在曲陽縣北嶽廟	
唐少林寺靈運禪師功德塔銘（碑） 行書	
天寶九年 崔淇撰 沙門勤□書 在登封縣	
永泰寺佛頂尊勝經石幢 正書	
天寶九年 在登封縣	
大唐[illegible] 正書	

天寶十一年　岑勛撰顔真卿題額書徐浩

題額在西安府學

唐故内侍省内常侍孫府君墓誌銘 行書

天寶十三年　中園構撰韓獻之行書在西

安府城東嶽廟今在蘇州畢氏靈巖山館

高軋式造像題名 正書

天寶十三年　在濟寧州

有漢東方先生畫像讚 正書篆額

天寶十三年　顔真卿書在陵縣

恒岳[illegible]積慶之碑 八分書
天寶十三年 [illegible]撰文并書
在[illegible]

大唐□□將軍□□□□神道碑　八分書
徐嶠之撰□□□□書
在□□□□□陵

大唐故游擊將軍守左衛馬邑郡尚德府折衝都尉左
龍武宿衛上柱國張府君墓誌銘　行書
天寶十五年　右張希古墓誌田穎書在長安縣劉氏

華嶽廟碑殘石　八分書
權倕文杜繹書在華陰縣西華嶽廟

主簿常冀尉元搗殘碑　八分書
在華陰縣西華嶽廟

憫忠寺寶塔頌　行書
至德二年　張不矜撰　蘇靈芝書在京師

謁金天王神祠題名 正書

乾元元年 顏真卿書在後周華嶽頌碑側

城隍廟碑 篆書

乾元二年 李陽冰撰并書在縉雲縣 宋宣和五年周明等重勒

劉士深謁華嶽題名 正書

廣德元年 在華陰縣西嶽廟

李懷讓題名 正書

在華陰縣西嶽廟

大唐贈太保祁國貞公廟碑 正書 碑陰行書 碑額八分書

廣德二年　右郭氏家廟碑顔真卿撰并書

在陝西布政司二門内

唐東莞臧府君神道碑 八分書篆額

廣德二年　右臧希晏碑韓秀弼書在三原

縣九陂城

唐故左武衛大將軍贈太子賓客白公神道碑銘 正書

永泰元年　右白道生碑于益撰口藝宗書

焦[illegible]銘是名

永泰元年　在華陰縣西嶽廟

怡亭銘

永泰元年　裴虬銘、李陽冰篆額、李莒八分書、在武昌縣

清河郡王李寶臣紀功載政頌　行書

永泰二年　王佑撰　王士則書　在真定府書院

峿臺銘　篆書

大歷二年　元結文在永州浯溪

大唐故光祿卿王君公墓誌并序　正書

大歷二年　王滉撰并書在西安府城東田家灣

咸寧縣滻川原

會善寺戒壇勅牒　正書

大歷二年　在西登封縣嵩山會善寺

李氏移先塋碑　篆書

大歷二年　李季卿撰李陽冰書在西安府

□宋大中祥符三年重刊

[illegible]

大歷二年　李陽冰篆季卿撰李陽冰書在西安府學

唐故張禪師墓誌銘　正書

大歷三年　在洛陽縣龍門山乾元寺東壁

在香山禪師茅號 [illegible]

大唐本願寺碑　正書

大歷五年　在獲鹿縣本願寺

金剛經　正書

在獲鹿縣本願寺

華嚴經石刻　正書

大歷五年在趙州

華陰縣治閣篆

獲鹿碑刻

李益題名　篆　同

唐龔邱縣令庾公德政碑 篆書

大歷五年 李陽冰撰并書 在寧陽縣署

有唐撫州南城縣麻姑山仙壇記 正書

大歷六年 顏真卿撰并書 在南城縣

中興頌 正書

大歷六年 元結文 顏真卿書 在永州浯溪

靈綸題名 正書

大歷六年 在華陰縣西嶽廟

內侍魏成信等岱岳觀題名 並大歷七年 在泰山老君堂

大唐[illegible]

韋滉題名 正書 大歷七年 在華陰縣西嶽廟

侯李文題名 正書 大歷七年 在華陰縣西嶽廟

大唐故尚書右丞相贈太尉 大歷七年 在華陰縣西嶽廟

有唐開府儀同三司行尚書右丞上柱國太尉廣平文

貞公宋公神道碑之 并碑陰碑側 俱正書篆額

大歷七年 顏真卿撰并書 在沙河縣 右宋璟碑

有唐宋州官吏八關齋會報德記 正書篆額

博城縣丞李發杲贈[illegible]
法師詩起 大歷七年
在泰山老君堂

大歷七年 顔真卿撰并書在歸德府南門外開元寺		般若臺字 篆書 大歷七年 李陽冰書在福州府		生公講臺字 篆書 國相傳李陽冰書或云李東陽書在蘇州府卯寺			謙卦 篆書

□議大夫守內侍□□□岱嶽
觀題名 正書
大歷八年 在泰山老君堂

黄石公祠〇記
大歷八年 裴平〇書在東阿縣 黄石公祠
文宣王廟新門記 八分書篆額
大歷八年 裴孝智撰裴平八分書在曲阜縣
孔廟
干祿字書 正書
大歷九年 顔元孫撰真卿書在
李謀等題名 正書
大歷九年 在華陰縣西嶽廟

杜誨等題名　正書

大歷九年　在華陰縣西嶽廟

唐故朔方河東河西隴右節度使御史大夫贈兵部尚書太子太師清源王府君神道碑　行書　篆額

大歷十年　右王忠嗣碑　元載撰王縉書趙□篆額在閿南鄉河□祠

唐故朔方節度副使金紫光祿大夫試太常卿兼慈州刺史□□碑　正書

大歷十二年　右王履清碑侯冕撰在高陵奉正原

唐故太尉廣平文貞公宋公神道碑側記

[illegible]

大歷十二年　顔真卿撰并書　在[illegible]

山

唐故開府儀同三司兼内侍監高公神道碑　行書

大歷十二年　在蒲城縣

淄州刺史王□留題觀
題名正書　大歷十□年
在泰山老君堂

大唐容州都督兼御史中丞本管經略使元君表墓碑　正書

大歷□年　顔真卿撰并書　在魯山縣

送劉太沖叙　行書

顔真卿書　在溧水縣學

宋慶元乙未鄭援跋　秦塤書款

華州孔子廟殘碑　正書

徐浩撰顔真卿書在華州

奉使蔡州題字并像　行書

顔真卿書宋靖康元年唐重題字在同州府

爭座位書　行書

顔真卿書在西安府學

顔氏家廟之碑　正書篆額

建中元年　顔真卿撰并書李陽冰篆額在

西安府學

兗州司馬高□伯岳

觀題名記

建中元年在泰山老君堂

墓題字 正書

右石柱題字六朝事蹟云宋葉清臣書近日嚴侍讀長明援歐公湖州石柱之例斷為顏魯公書在江寧府朝天宮西下墓上

唐大興善寺大德大辯正廣智三藏國師之碑 正書

建中二年 嚴郢撰徐浩書在西安府學

大秦景教流行中國碑 正書 并額 俱

建中二年 僧景淨述呂秀巖書在西安

敬寒等岱岳觀題名 正書

建中元年 在泰山老君堂 并宋政和甲午徂徠山人高季良等 又皇祐五年州從事李涉等 又皇祐四年轉運使宋禧等題名

府城西崇仁聖寺

唐瀛州景城縣主簿彭君權殯志銘　正書

建中三年　右彭説碑王諫撰在直隸通州

署

吴岳祠之堂記　行書篆額

興元元年　于公異撰冷朝陽書在隴州吴

嶽祠内

故莫州長豐縣令李君墓誌銘　行書

貞元韓文　正書

貞元元年

在衡水縣

在[illegible]縣大峴山麓

沂陽君梁□文宣王廟石

貞元五年　韋稔撰張澹書在涿州學

大唐潼關鎮國軍隴右節度使檢校尚書右僕射兼御史大夫華州刺史武康郡王李公懋功昭德頌　八分書

貞元五年　張濛撰韓秀弼書李㬎篆額在華州治大門内

鮮于氏里門碑　八分書

韓秀弼　八分　書在四川

貞元鐘文　[illegible]書

~~貞元四年 在衡水縣~~

唐故鴻臚少卿中山張君墓誌 正書

貞元十年 薛長儒撰 在洛陽

嵩山會善寺戒壇記 八分書 篆額

貞元十一年 陸長源撰 陸郢書 并篆額

在登封縣

大唐河東鹽池靈慶公神祠碑 正書 篆額

貞元十三年 崔敖撰 書 韋縱書 并篆額

在□□縣

軒轅鑄鼎原銘 篆書

王顏撰 袁滋篆

貞元十七年

在閿鄉縣

州陰

濟瀆廟北海壇二所新置祭器[illegible]之銘書

貞元十三年　張洗濯纓撰在濟源縣濟瀆

廟

大唐同州澄城縣令鄭公德政碑　正書

貞元十四年　右鄭叔敖碑鄭雲逵書在澄城

縣南門鄭公祠内

唐故鄜州長史李府君神道碑　正書篆額

貞元二十年　右李廣業碑在三原縣北二　〔鄭雲逵撰文并書〕

家店

唐國師謚大圓禪師碑 正書篆額

貞元二十一年 四右楚金禪師碑沙門飛錫撰吳通微書 在西安府學 顔真卿書多寶塔碑陰

尉旻題名 正書

元和元年 在華陰縣西嶽廟

唐故左拾遺贈舒州刺史竇府君神道碑 正書

元和三年 右竇將向碑竇公直書在偃師縣

高述等題名 正書

元和三年在咸陽縣

邵同等題名 正書

在華陽縣西巖

蜀丞相諸葛武侯祠堂記 正書

元和四年 裴度撰柳公綽正書在成都府

武侯祠

佛頂尊勝陀羅尼經打本 正書 附女弟子那羅延建幢文

元和八年 在西安府學

保唐寺毗沙門天王燈幢讚 正書

元和七年 柳瀫纂 在蜀益州

唐故興元元從正議大夫行內侍省內侍李公墓誌銘

正書

元和九年　右李輔碑　崔元略撰　巨雅書

在高陵縣

崔蒞鄭公幹題名　正書

元和十年　在華陰縣西嶽廟

龍城柳神碣　行書

元和十二年　柳子厚書

容府□□題名殘字　正書

周郭題名記
元和十年　在曲陽縣北嶽廟　陸增志標陸

鄭志等題名記
元和十一年　在曲陽縣北嶽廟　陸增志標陸

元和十四年　李華金錄　西嶽廟

元和十五年　在華陰縣西嶽廟

南海神廣利王廟碑　正書

元和十五年　韓愈撰陳諫書在廣州南海

廟

裴顗修嶽廟中門紀石　正書

長慶元年　在華陰縣西嶽廟

泛舟禪師塔銘　正書

長慶二年　在安邑縣

邠國公功德頌　正書

長慶二年　楊承和撰并書在西安府學

普照寺尊勝經石幢　正書

寶歷二年　在濟寧州普照寺

光孝寺大悲陀羅經石幢　正書

寶歷二年　在廣州府光孝寺

唐故太尉兼中書令西平郡王太師李公神道碑　正書

太和三年　右李晟碑裴度撰柳公權書并

唐故安國寺□照和上□
太和七年 段成式撰 僧無可書 在咸陽縣

安國寺

嵩高靈勝詩 正書
太和三年 尉遲汾撰 在登封縣

李璠題名 正書
太和三年 在華陰縣西嶽廟

李虞仲題名 正書
太和四年 在華陰縣西嶽廟

□狀

陽城石表 正書

八曹參軍薛徽等題名
太和五年在曲陽
移此岳廟陸燿考
移此

驍騎尉薛□等題名
太和七年在
曲陽移此岳廟陸燿

韋公式題名 正書
太和四年　在華陰縣西嶽廟

唐故輔國大將軍□左神策軍將軍知軍事撿校右散
騎常侍兼御史大夫義陽郡□食實□二百户□越州
都督刑部尚書符公神道碑銘 正書篆額
太和七年　右符璘碑柳公權李宗閔撰柳
公權書并篆額

南嶽道士邢令聞等題名 八分書

篆額在西安府學	□庚題名 正書	石經九經 正書	馮戣題名 正書	
	開成二年 在華陰縣西嶽廟	開成二年 在西安府學	開成三年 在華陰縣西嶽廟	

開成元年 右馮宿碑 王起撰 柳公權書幷篆額

開成元年 在曲陽縣北嶽廟碑側

并宋大中祥符二年內侍高品及大中祥符年奉使題名

△醫善題名 正書 開成四二年 在曲陽縣北岳廟陰碑側

觀察推官薛□等題名
行書 □□□ 在□陽
□北嶽廟碑陰

御史大夫李景讓題名 正書
開成四年 在華陰縣西嶽廟

大唐三藏大徧覺法師塔銘 正書
開成四年 劉軻撰沙門建初書在西安府
城南興教寺

大慈恩寺大法師基公塔銘并序 行書
開成四年 李宏慶撰僧建初書在西安府
城南興教寺

[illegible]正書篆額

會昌元年　裴休撰柳公權正書

陳商題名　正書

在西安府學

會昌元年　在華陰縣西嶽廟

謁廟七言詩　行書

會昌二年　強丞楷在華陰縣西嶽廟

崔郇題名　正書

會昌二年　在華陰縣西嶽廟

崔安潛等題名　正書

刺史鄭放等題名　正書
會昌四年　在陳州曲
陽縣北嶽廟　陳惇志碑

附

裴敬判官撫州司陳老
此題名在
會昌四年　在曲陽縣
北嶽廟　陳惇志碑陰

裴元□題名　正書
會昌四年　在曲陽縣
北嶽廟　陳惇志碑陰

劉□上隱右宗□□□二
年朱克宗□又本年
□□□□年□□□□

會昌五年　在華陰縣西嶽廟

李□題名　正書　大中元年　在華陰縣西嶽廟

楊漢公題名　正書　大中二年　在華陰縣西嶽廟

唐故汝南周君墓誌銘　正書　大中二年　在海寧州周春家

周公祠靈泉碑　正書

大中三年　在華陰縣西嶽廟

盧瑑等題名　八分書
大中四年　在華陰縣西嶽廟

李貽孫題名　正書
大中五年　在華陰縣西嶽廟

勅内莊宅使牒　正書
大中五年　在西安府學大達法師碑陰

于德誨題名　正書

鄭居正言疏　正書
大中六年　並刻

大唐花嚴寺杜順和尚行紀　行書
大中六年　在華陰縣西嶽廟

范陽盧鄭幼女姚婆墓誌　正書
大中六年　杜殷撰　董景仁書　在西安城內開福寺

唐故圭峰定慧禪師碑　正書篆額
大中七年　在滎澤縣王瑗家

大中九年　裴休撰并書　柳公權篆額　在鄠縣草堂寺

唐故滎陽鄭府君夫人博陵崔氏合祔墓誌銘 正書 大中十二年 隸數 存二紙 一存大興府 一存古倪園

大中十一年 在華陰縣西嶽廟

吏部郎官石柱題名 正書 大中十二年 在西安府學

李蟦祈雪題名 正書 咸通元年 在華陰縣西嶽廟

唐窣堵波塔銘 正書 咸通五年 高儒述 庵萬書 在咸陽龍華寺

張孝子祠殘碑 正書 咸通十年 右張常洧碑在句容縣城南張

孝子祠

碧落碑釋文 正書 咸通十一年 鄭承規書 在絳州

唐左拾遺魯國孔府君墓誌銘 正書 咸通十五年 鄭仁表撰并書 在滎澤縣 在孔林

□故瑯琊王氏夫人墓銘 行書

乾符三年 在長安縣崇聖寺

護國禪院尊勝經石幢 正書

鄭畋謁昇仙太子廟詩 正書 在偃師縣

新脩曲阜縣文宣王廟記 正書 咸通十一年 賈防撰 在曲阜縣孔廟

唐安居□修蜀主廟記 正書 乾符□年 在□州

大唐故內樞密使吳公墓誌銘 分書 篆額
乾寧二年 裴庭裕撰
[illegible]湘書

李克用題名 正書
中和五年 在曲陽縣北嶽廟
唐天寶十二年 高君倩撰 刻

憫忠寺藏舍利記 正書
景福元年 沙門南敘述 知常書 在京師憫
忠寺

唐升僊廟興功記 八分書
乾寧四年 李綽撰 鄭珏書 在偃師縣

司空圖題裴晉公題名詩殘字 正書
在華陰縣西嶽廟

大唐威武軍節度福建管內觀察處置三司發運等使
特進檢校太保同中書門下平章事使持節都督福州
諸軍事兼福州刺史上柱國瑯琊郡王食邑□戶食實
封壹佰戶王審知德政碑頌銘 正書篆額
天祐三年 于兢撰王倜書在

唐贈隴西縣君牛氏像龕碑 八分書 錄正書
在洛陽縣奉先寺

慈恩寺唐人佛像
宋元人題名 在西安府慈恩寺

陁木薩列砲三石

一承義郎等字一周仕瑾等字在迪化州 及金滿縣

濟木薩

瘞舍利文 正書

有甘州開元寺字在西陲

大唐故内樞密使吳公墓誌銘 并書篆額

本

遊[illegible]龍山紀額 正書

在國元氏縣龍化寺

吴道子畫像　在北嶽廟

唐張口祿石幢

在濟寧州安居士中　易與王德和　移置天仙

廟

尊勝經咒　正書

禹岑書　在

蜀王廟記　行書

在

石鼓經咒 行書

在醴泉縣北趙村廣濟寺

皇唐三階大德禪師碑額 正書

在西安府城南薦福寺

唐故銀青光祿大夫檢校太子賓客兼監察御史柱國

河南尒朱府君墓碣 正書（尒朱達墓碣）

程彥矩撰 在郃陽縣朱家河

聖母帖 草書 懷素書

宋元祐戊辰摹勒在西安府儒學

肚痛帖　草書　張旭書宋時模勒在　西安府學

藏真律公帖　宋僧師雄刻石 [illegible]跋　在西安府學

元祐八年[illegible]刻石

草書心經

在鄠縣　西安府學

丙午六月四日孫星衍偕觀于中州節署

稿本《小蓬萊閣金石目》，是清代著名金石學家、『西泠四家』之一的黄易未刊著作之一，國家圖書館所藏此本（館藏號：SB16724）1册，凡61葉，121面，首題『小蓬萊閣金石目』。半頁9行，行24字，黑口，四周單邊，烏絲欄，單魚尾，魚尾下方書年代，書口下方書頁碼。外簽題『三代至宋元金文目』，下鈐『小松所得金石』白文方印，右邊題『黄小松司馬藏』。首頁鈐『寶漢堂』朱文長方印、『樹鏞之印』白文方印、『漢畫室』白文方印，末頁鈐『韻初所得金石文字』白文方印。有清同治五年（1866）七月十六日沈樹鏞和民國十七年（1928）三月二十六日劉公魯兩段題跋（詳見本文之末附録）。

此書題爲『金石目』，實際著録三代至宋金元時代金文，共328種，是黄小松藏金石拓片總目之金文目録，與石目合稱『金石目』。此目所收歷代金文品目如下：三代98種，漢127種，魏2種，晋4種，北魏2種，北齊2種，隋4種，唐38種，後唐1種，後晋1種，後周1種，吴越2種，後吴1種，南漢1種，南唐1種，宋14種，金8種，元21種。

此目著録體例前後一致。每一條目首行頂格書題名，題名下以小字説明各個部分的書體；次行低三字作釋文，釋文短者全録，過長者或節録起首數字，或簡單説明年月、題名等重要信息；然後説明此本爲何氏拓本，此器今藏何處以及拓本來源等信息。個別條目作者後加按語，極個別者有待補的空格。

首頁前朱墨書：『安徽潁州府有唐鐘銘，陰文正書約數百字，唐開元年，在開元寺。』此目中所做釋文皆避清諱，如銅鏡銘文中多『朱鳥玄武』『朱雀玄武』之類，黄小松皆録做『朱鳥元武』『朱雀元武』；另有與今日規範繁體字不同之寫法，例如『器蓋』之『蓋』，小松皆寫作『盖』。爲保存稿本原貌，以上兩種情況皆照録。

小蓬萊閣金石目

三代金文　俱篆書

周公華鐘

文曰『惟王正月初吉乙亥周公華擇乃吉金元鏐』等字，十二行，禮部尚書獻縣紀公曉嵐收藏。

虢叔鐘

文曰『虢叔旅曰丕顯皇考専叔』等字，十行，江寧中書司馬達甫搨本。

楚余義鐘

文曰『惟正九月初吉』等字，四段，十九行，陽湖孫觀察淵如收藏。

邢叔鐘

文曰：『井叔作○鐘。』用家藏搨本。

乳鐘

文不可識。陽湖孫氏收藏。

巳侯鐘

文曰：『巳侯□作寶鐘。』在山東益都李孝廉廓家。

鐘

文曰：『□□□豖□□作□□其□□男子子孫孫永寶。』陽湖孫氏收藏，文倒刻。

木鼎

文曰：『作□戊□木工册。』在山東曲阜縣孔子廟。

焦山鼎

文曰『惟九月既望甲戌王格于周』等字，十行，在江南鎮江焦山佛寺。

曶鼎

文曰『惟王元年六月既望乙亥王在周穆王太』等字，二十四行，湖廣總督鎮洋畢公秋帆收藏。

鼎

文曰『唯八月初吉望乙卯公錫』等字，五行，絳州王氏怡收藏。

鼎

文曰：『〇〇〇作寶尊鼎用〇夕邵公格。』番禺潘中書毅堂收藏。

鼎

文曰『乙公作尊鼎』等字，三行，陽湖孫氏收藏。

鼎

文曰『惟□有一年三月初吉壬戌王在周康宮遲太室』等字，十行，嘉定錢別駕獻之搨本。

鼎

文曰：『十月丁亥乙自作飲□，其眉壽無□，永寶用之。』大興翁翰林宜泉搨本。

鼎

文曰：『叔盂父乍尊鼎，其永寶用。』江寧蔡伯海搨本。

鼎

文曰：『舉祖辛。』番禺潘氏收藏。

鼎

文曰：『□辛。』

鼎

文曰：『舉父辛。』陽湖孫氏收藏。

鼎

文曰：『□□王命正月初吉伯龢父若乙□□□□□□休其萬年。』海寧沈匏尊搨本。

鼎

文作亞字形，中二字不可識。

鼎

文曰：『𠬪□□□□昷□□羊□□艸鼎其萬□。』趙晋齋揭寄。

亞尊

文曰：『亞□。』在山東曲阜縣孔子廟。

尊

文曰『惟二月初吉丁卯公姞』等字，四行，江寧蔡氏揭本。

尊蓋

文曰『惟正月吉』等字，七行，安邑宋芝山揭本。

伯彝

文曰『□伯作□□□用』等字，四行，在山東曲阜縣孔子廟。

彝

文曰『唯□□子曾曰』等字，八行，海寧沈氏揭本。

彝

文曰：『露□□守作寶彝。』家藏揭本。

彝

底盖俱。文曰：『□□肇作寶尊彝。』

彝

文曰『□□□□休朕□君公伯錫』等字，四行，江寧蔡氏揭本。

彝

文曰：『□□中□乍父寶尊彝。』江寧蔡氏揭本。

彝

文曰：『□伯□作寶尊彝用□□□。』江寧蔡氏揭本。

彝

文曰：『□作□生考寶尊彝。』廣州張翰林葯房收藏。

彝

文曰：『□作父癸宗尊彝子孫。』江寧蔡氏揭本。

彝

文曰：『作祖戊尊彝。』湖南巡撫姜公度香收藏。

司成頌敦

文曰『惟三年五月既望』等字，十五行。家藏揭本。

遲伯敦

文曰：『中祖父作朕皇考遲伯王母遲姬尊敦，其萬年子子孫孫永寶用，享于宗室。』仁和趙晋齋搨本。

郊敦

文曰『惟王十有一月既生霸』等字，十二行，釋文見吴山夫《金石存》。

敦

文曰：『惟元年六月，叔戎父□□姜氏尊敦，子孫永寶用。』家藏拓本。

敦

文曰：『惟□□又一月既生霸庚戌，配□中作寶敦，子子孫孫□永用。』家藏搨本。

敦

文曰：『**郝**□作寶敦，用追孝于其父母，用錫永壽，子子孫孫永寶用享。』家藏搨本。

敦

文曰：『**𠦑**季故公作寶敦，子子孫孫永寶用享。』家藏搨本。

敦

文曰：『繇父乙。』都門吴魯峰物。

敦

文曰『父丁』，其上作『亞』字，内有立鳥形。

剌公敦

文曰『伯虡□肇作』等字，五行。

敦

文曰『叔□父作朕皇考』等字，三行。江寧蔡氏搨本。

師酉敦

底盖俱。文曰『惟王元年正月王在吴』等字，十一行，廣州張氏收藏。

敦

文曰：『中□作□敦。』

冊卣

文曰：『冊父乙。』在山東曲阜縣孔子廟。

卣

底蓋俱，作立戈形。文曰：『父丁。』陽湖孫氏收藏。

卣

底蓋俱。文曰『惟二月初吉丁卯公姞』等字，五行，江寧蔡氏搨本。

鬲

文曰：『王伯姜作尊鬲永寶用。』

鬲

文曰：『□叔□□父作□鬲。』番禺潘氏收藏。

周太僕盤

文曰『周太僕散邑迺即散用田自渭洮以南至于大河』等字，十九行，在江南揚州徐氏。

盤

文曰：『郚□肇作子』等字，家藏搨本。

盤

文曰：『惟股中宋作其盤其萬年，眉壽無疆，子子孫孫永寶用之。』萊陽初光禄頤園收藏。

盤

文曰：『□□姬作□妃魯母賸，子子孫孫永寶用。』番禺潘氏收藏。

盤

文曰：『惟五月初吉，王在周令作冊內史錫□鬯□□□□□女王休用作盤□其萬年永寶用。』大興翁氏搨本。

中駒父匜

底蓋俱。文曰：『□□中駒父作中姜敦，子子孫孫永寶用享。』

匜

文曰：『非子孫父匜。』

寶簠

文曰『□自作□簠』等字，三行，在山東曲阜縣孔子廟。

齊陳逆簠

文曰『惟王十月初吉丁亥』等字，十二行，華氏東釋爲『封彝』，家藏揭本。

簠

文曰『惟王九月初吉庚午曾伯』等字，十一行，海寧沈氏揭本。

簋

文曰『□龔父乍寶簋』等字，四行，桐鄉金刑部雲莊揭本。

簋

文曰：『鬲叔興父作旅簋，其子子孫孫永寶用。』陽湖孫氏揭本收藏。

簋

底盖俱。文曰：『鬲叔興父作旅簋。』江寧蔡氏揭本。

簋

文曰：『孫□□。』萊陽初氏所藏。

壺

文曰：『家德氏自作卣壺。』陽湖孫氏收藏。

壺

文曰：『史□作尊壺，□其萬年，子子孫孫永寶用享。』仁和何夢華揭本。

爵

文曰：『子□甲專作文父□。』絳州王氏收藏。

爵三種

一文曰『父癸』，一文曰『祖巳』，一文曰『癸父□孫』，番禺潘氏收藏。

亞爵

右器二，一文曰『亞爵』，一文曰『亞高舟』，近出山東壽張縣，梁山王蓮湖刺史見贈。

方爵

文曰：『都姬召太子尊彝。』上作亞形，其內文曰：『□配癸。』陽湖孫氏收藏。

觶

文曰：『辛。』

觶

文曰：『父辛。』其上雙鳥形，陽湖孫氏收藏。

觚

文曰：『父巳。』

舉

文曰：『彭女舉。』仁和姚氏虎臣收藏。

豆

文曰：『**叀**□父。』都門吴魯峰物。

盦

底盖俱。文曰：『孫□父戊。』

瞿

文两面，一作立戈形，一作立馬形。上海趙侍御謙士收藏。

瞿

文两面，一作𠤎，一作立戈形，似『戊戈』二字，易得於濟寧。

瞿

文曰『元』，江寧司馬氏收藏。

瞿

亞字形，兩面，一曰『乙子父』，中間作立戈形；一曰『癸』，中間作兩手執物形。番禺潘氏收藏。

戈

文曰：『平陰寶。』運河觀察歸公梅坡所贈。

戈

文曰：『邾大師□□之艁戈。』洪洞李梅村所贈。

戈

文曰：『□乍。』

芊子戈

文曰：『芊子之艁戈。』曲阜顔氏運升收藏。

高陽戈

文曰：『高陽夕左。』

左庫戈

文曰：『□晋左庫□□。』

戈

文曰『[illegible]』，海寧吴氏兔床收藏。

戈

文曰『敔』，海寧吴氏收藏。

戈

文曰『麋』，海寧吴氏收藏。

戈

文曰：『吉用□金作□□用。』吴山夫《金石存》云器藏陳氏師意齋，易購得。

右軍戈

文曰：『廿三□□□□□左軍工□□□臣節。』

劍

文曰：『□□丁亥百□□其□于。』

劍

文曰『乙戈』，易得於濟寧。

劍

文曰：『□□武用。』江寧司馬氏收藏。

鎗

文曰『□□邦司寇野□□上軍』等字，二行，家藏搨本。

（按：以上凡98種。）

漢金文

銅鉤文　篆文

文曰：『六年五月丙午作。』又曰：『張師信印。』吴門張中書瘦銅收藏。

帶鉤文　篆書

文曰：『長宜子孫。』易得於都門。

帶鉤文　篆書

文曰：『長宜君官，士至三公。』陽湖孫氏收藏。

尚方銅刻　隸書

文曰：『尚方故治。』

鏃印文　篆書

文曰：『左辛甫里鈇。』先大夫手拓，考爲箭鏃，上火烙印。

（劉公魯天頭朱筆注曰：之泗案，此鈇疑非漢器。）

爐文　隸書

文曰：『菑川太子家金𤉶爐。容二升半，重十觔八兩。』

江寧司馬氏收藏。

陽泉熏爐銘　隸書

文曰：『陽泉使者舍熏爐一，有盤及盖，并重四斤□□□五年六安十三年正月乙未，內史屬賢造，雒陽付守長則丞善掾勝傳舍嗇夫兑。』江寧蔡氏搨本。當是元封三年（前108）。

鐎斗文

文曰：『元康元年（前65），考工工賢友繕，作府嗇夫建護，萬年縣長當時主，令長平、右丞義省，重一斤十四兩。』

海鹽張芑堂收藏。

鐎斗文　隸書

文一字，曰『吉』。陽湖孫氏收藏。

鐎斗文　篆書

文曰：『八升。』

熊足鐎斗文　隸書

文曰：『付上林。』安邑宋氏搨本。

鼎蓋　八分書

文曰：『伏地。』仁和何氏收藏。

隃麋陶陵鼎　隸書

蓋文曰：『隃麋陶陵共厨銅斗，鼎盖并重十一斤。』又文曰：『册癸卅正。』底文曰：『隃麋陶陵共厨銅鼎一合，容一斗，并重十斤。』又文曰：『汧共厨銅鼎，容一斗，重八斤一兩，第廿一。』趙素門搨本。

（劉公魯天頭朱筆注曰：之泗案，此器今藏焦山定慧寺。）

銅梁梠文　隸書

文曰：『史侯家銅梁梠第四，重一觔十四兩。』江寧司馬氏收藏。

尚方鏡　隸書

文曰：『尚方御鏡大母（毋）傷，巧工刻之成文章。左龍右虎辟不祥，朱鳥元武順陰陽。子孫備具居中央，鍊治銀錫清而明。長保二親樂富昌，壽敝金石如侯王。』中刻篆文十二辰。易得于濟寧。

尚方鏡　隸書

文曰：『尚方作竟大毋傷，巧工刻之成文章。左龍右虎辟不祥，朱鳥元武順陰陽。子孫備具居中央，長保二親樂，壽敝金石方侯王。』袁太史簡齋隨園搨本。

有憙鏡　篆書

文曰：『角王巨𠥓曰有憙，昭此明鏡成快意。上有龍虎四時置，長保二親樂無事。子孫均息家富㱃，𡦗天母極受大福。』中心有十二辰字。趙氏素門搨本。

仙人不老鏡　篆書

文作三層，一曰：『尚方作鏡真大巧，上有仙人不知老。』一曰：『作佳竟兮真大巧，上又兮。』一曰：『長宜子孫。』洪洞李梅村所贈。

仙人不老鏡

文曰：『尚方作鏡真大好，上有仙人不知老。渴飲玉泉飢食棗，徘徊名山採神草。浮游天下敖四海，壽如金石之國保。侯王兮。』中心篆書十二辰字。

仙人不老鏡　隸書

文曰：『尚方作鏡真大好，上有仙人不知老。渴飲玉泉飢食棗，浮遊天下遨四海。徘徊名山採神艸，壽如金石之國保。』隨園袁氏搨本。

仙人不老鏡　**隸書**

文曰：『作佳鏡哉真大好，上有仙人不知老。渴飲澧泉飢食棗，浮游天下敖四海，壽敝金石□□保。』中心篆書十二辰字。

仙人不老鏡　**篆書**

文曰：『尚方作鏡□□好，上有仙人不知老。渴飲玉泉飢食棗，浮由天下。』中心有十二辰字，易得於濟寧。

仙人不老鏡　**篆書**

文曰：『尚方作竟真巧，上有仙人不知老，渴飲玉泉飢食棗，由□。』

仙人不老鏡　**篆書**

文曰：『尚□佳鏡真大好，上有仙人不知老，渴飲玉泉飢食棗，壽如金石國人保。』部陽褚千峰搨本。

仙人不老鏡　**篆書**

文曰：『尚方佳鏡真大好，上有仙人不知老。渴飲玉泉飢食棗，浮游天下敖四海。吉。』

仙人不老鏡　**隸書**

文作兩層，其外曰：『尚方作鏡真大巧，上有仙人不知老。渴飲玉泉。』中心文曰：『家有五馬，羊張大吉，宜侯王。』仁和趙氏收藏。

仙人不老鏡　**篆書**

文曰：『尚方作鏡真大巧，上有仙人不知老。渴飲玉泉飢食棗，浮天下，敖四海，未央金石。』江寧司馬氏收藏。

仙人不老鏡　**隸書**

文曰：『尚方佳鏡真大好，上有仙人不知老。渴飲玉泉飢食棗，壽如金石之國保兮。』大興翁氏收藏。

十二辰鏡　**篆書**

文曰：『上大山，見神人，食玉英，飲醴泉，駕交龍，乘浮雲，宜官秩，保子孫，貴富昌，樂未央。』中心作十二辰字。曲阜顏氏收藏。

十二辰鏡　**篆書**

文與前鏡同，惟駕『交龍』作『青龍』。杭州趙素門搨本。

十二辰鏡　篆書

文曰：『□言之紀從鏡始，調錬銅錫去惡滓。刻鏤均好置孫子，長保二親樂無已。壽敝金石先王母，富如江海東西市。』中有十二辰字。

十二辰鏡　篆書

文曰：『黄帝治鏡大毋傷，左龍右虎辟不祥。朱鳥元武調陰陽，子孫備具居中央。爲□□□貴富昌，壽元王母樂未央兮。』中作十二辰字。

十二辰鏡　篆書

文曰：『銅錫治鏡子孫衆，多賀君家受大福。位至公卿修祥食，幸得時來獲嘉德。傳之後世樂無亟，大吉。』中作十二辰字，何夢華收藏。

三商鏡　篆書

文曰：『吾作明鏡，幽湅三商，□者大吉。』

三商鏡　篆書

文曰：『吾作明鏡，幽湅三商，明如日月。』易得于濟寧。

三商鏡　隸書

文曰：『吾作鏡，幽湅三商，其師命長。』

三商鏡二種　隸書

文作兩層，一曰：『吾作明鏡，幽湅三商，周□萬疆。百宁奏樂，衆神見宥。天□四季，干禄百福。增年益富，服者侯王，大吉祥。』一曰：『君宜高官，立至三公，其師命長。』

三商鏡二種　隸書

文曰：『吾作明鏡，幽湅三商。周□商□，五帝三皇。□□單堯，黄□除兇。朱鳥元武，白虎青龍。君宜高官，□□□□侯王兮。』中心文曰『宜官』。

三商鏡　隸書

文曰：『吾作明鏡，幽湅宫商。君豙商家，五帝天皇。□卢單堯，黄帝除兇。朱鳥元武，白虎青龍。君宜高官，子孫蕃昌。建安十年（205）造，大吉。』中心文曰『君宜』。仁和

君宜高官鏡二種　隸書

文曰：『君宜高官。』易得於濟寧。

高官鏡　隸書

文曰『高官』，吴門顧蘆汀贈。

子孫高官鏡二種　篆書

文曰：『君宜高官，長宜子孫。』一仁和何氏收藏，一易得於濟寧。

長生鏡　篆書

文曰：『壽如金石，宜子長生。』陽湖孫氏搨本。

長生鏡　篆書

文曰：『長生宜子。』仁和何氏搨本。

長宜子孫鏡五種　篆書

文曰：『長宜子孫。』易得於濟寧。

宜子孫鏡　篆書

文曰：『宜子孫。』易得於濟寧。

趙氏收藏。

三商鏡　隸書

文曰：『吾作明竟，幽湅三商。天王日月，位至三公。』

運河觀察桐鄉沈公青齋搨本。

三商鏡　隸書

文曰：『吾作明鏡，幽湅三商。配像萬京，流□于道。世奉臣節，其師命長兮。』

大富昌鏡　篆書

文曰：『宜君樂，樂未央，大富昌。』易得于開封。

長貴富鏡二種　隸書

文曰：『樂無事，日有憙，宜酒食，長貴富。』

長相思鏡　隸書

文曰：『常貴富，樂未央。長相思，母（毋）相忘。』海寧吴氏搨本。

長相思鏡　隸書

文與前同，惟缺一角。桐鄉沈氏收藏。

長宜子孫鏡

文兩層，一曰『長宜子孫』，一曰『壽如金石佳且好兮』，易得於濟寧。

保子宜孫鏡　篆書

文兩層，一曰『保子宜孫』，一曰『位至三公』，易得於濟寧。

三公鏡九種　隸書

文曰『位至三公』，易收藏五種，餘是翁宜泉、何夢華、瞿萇生揭本。

張氏鏡　篆書

文兩層，一曰：『惟此明鏡，□□照明。□□吴郡，張氏元公。百鍊□辟，□别文□。左龍右虎，招福除殃□，其師命長。』一曰：『吾作明竟，□日月合□保二。』錢塘趙氏素門揭本。

馬氏鏡　隸書

文曰：『馬氏作鏡真大好，上有仙人不知老，大吉兮。』易得于汴城。

許氏鏡　隸書

文曰：『許氏作鏡自有紀，青龍白虎居左右。聖人周公魯孔子，作吏高遷車生耳。郡舉孝廉州博士，少不努力老乃悔。吉。』中心有天王日月，凡三言。易得於濟寧。

張氏鏡　隸書

文曰：『張氏作竞宜侯王，悳當大富樂未央。子孫備具居中，長保二親世世昌。』

王氏伏羌鏡　隸書

文曰：『王氏作竞四夷服，多賀新家人民息。風雨時節五穀熟，長保二親天下力。傳百世，中毋極。』

龍氏伏羌鏡　隸書

文曰：『龍氏□□四夷服，多賀君家人民息。胡虜除□天下復，風雨時節五穀熟。蒙禄食□□□□孫力得天富。』曲阜顏氏揭本。

清明鏡　隸書

文曰：『湅治銅華清而明，以之爲鏡，因置文章，延年益壽去不祥，與天無極，如日之光。』陽湖孫氏收藏。

清明鏡　篆書

文曰：『漢有善銅出丹陽，和以銀錫清□明，□□□□□。』

吉祥鏡　篆書

文曰：『未言之始自有紀，練治銅錫去莫滓，辟不陽，宜吉利長。』

清明鏡　隸書

文曰：『鍊治銀□清而明，以之爲鏡宜文章，延年益壽而吉祥，與天毋極而日月光。』隨園袁氏搨本。

清明鏡　隸書

文與前同。

清明鏡　篆書

文曰：『新有善銅出丹陽，和以銀錫清且明。左龍右虎掌四□，朱雀元武順陰陽。□常大富，宜侯王，樂未央。』中心十二辰字。

清明鏡　篆書

文曰：『新有善銅出丹陽，和以銀錫清而明。左龍右虎掌四□，朱爵元武順陰陽。』

清明鏡　隸書

文作兩層，一曰：『清琅銅華以爲鏡，絲組爲紐以爲信，清光明平。服者富貴番昌，千秋萬世，長樂未央。』一曰：『見日之光，天下大明。服者君卿，鏡辟不□。□秋萬歲，長毋相忘。』陽湖孫氏收藏。

清明鏡　篆書

文曰：『新有善銅出丹陽，□□明竟清且。』仁和何氏搨本。

太陽鏡　篆書

文曰：『見日之光，天下太陽。服者君卿，長樂未央。』搨本。

日光鏡六種　**篆書**

文曰：『見日之光，長毋相忘。』仁和何氏、趙氏收藏。

衆神鏡　**篆書**

文已磨泐，止『明吾』二字可辨，慈溪鄭三雲贈。

九子鏡　**隸書**

文曰『日月天王，宜春大吉』等字。字小不能盡辨，易得於濟寧。

文曰：『九子明鏡，世異寡雙，服者卿公。』易得于洛陽董氏，鏡文隸書。（按：此條補在九子鏡條目天頭。）

辟邪鏡　**篆書**

文曰：『來□之鏡自有紀，練治銅錫去其滓，辟不□。』何夢華搨本。

鏡文　**篆書**

文曰：『與美相長，常貴未央。』江寧司馬氏搨本。

鏡文　**篆書**

文曰：『服鏡君卿，長樂未央。』江寧司馬氏搨本。

鏡文　**篆書**

文曰：『心思君王，�上見長。』

鏡文　**篆書**

文曰：『久不見侍，前俙君行，卒令心悲。』

益壽鏡　**隸書**

文曰：『延年益壽。』易得于衛輝。

永康鏡　**隸書**

文曰：『永康元年（167）正月丙午，黄白作鏡，幽湅三商。明如日月，買者富昌。□高作官，立至公侯。天王日月，上有東父，式西王母，宜吉祥兮。』畢公秋帆撫豫時所得。

元興鏡　**隸書**

文曰『元興元年（105）五月丙午日天大叔廣漢造作尚方明竟幽湅三商周得無亟』等字，大興翁氏搨本。

鏡文　**隸書**

文曰：『清浪銅華以爲鏡，□□变服觀容眼。糸組雜□以爲□，清光平成宜佳人。』桐鄉沈氏搨本。

藍田鐙　**隸書**

文曰：『藍田鼎胡宮銅行燭登，廣□□□，重一觔□□，第十一，三年宮□。』番禺潘氏收藏。

龍虎鹿盧鐙　**篆書**

文曰：『宜子孫吉。』桐鄉金氏收藏。

雁足鐙文三種

隸書曰：『建昭三年（前36），考工輔爲内者造銅雁足鐙，重三斤八兩。護建佐博，嗇夫福椽，光主右丞宮令相省，中宮内者，弟五故家。』篆文曰：『今陽平家畫一至三，陽朔元年（前24）賜。』又篆文曰：『後大厨。』侍郎青浦王公蘭泉得于西安。

（劉之泗天頭朱筆按語曰：之泗案，此鐙今在余家，與嘉興張氏舊藏黃山第三鐙同庋一室。）

（劉之泗天頭墨筆按語曰：之泗案，文三種，皆在一器。）

鋗文　**篆書**

文曰：『長安共厨銅三𠬝鋗世枚，第廿，重十五斤八兩，元延元年（前12）七月造。』

劉之泗天頭朱筆按語曰：之泗案，『𠬝』即『斗』字，『世』疑『卅』字之譌。

方壺　**隸書**

文曰：『元壽武庫，容四斗，重廿斤八兩。』腹下横刻文曰：『李□□□，容四斗，重廿斤。』在河南懷慶清化鎮高氏。

半兩錢范二種　**隸書**

俱圓式，一錢形，九；一錢形，八。海鹽張氏搨本。

貨泉范　**篆書**

作錢形，二，鄭三雲所贈。

大泉五十范　**篆書**

文曰『大泉五十』，易爲湖南巡撫吴江陸公朗夫篆額，公子直之贈爲潤筆。

大泉五十范　**篆書**

一面作錢形，四；一面十字文。江寧司馬氏收藏。

大泉五十范　篆書

此器四周高半寸，易得于衛輝。

大泉五十范　篆書

一面作泉形，三；一面文曰『富人大萬』，迴環讀之，或是『萬人大富』也。在杭州簡橋人家。

大泉五十范　篆書

一面作錢形，二；一面分書曰『大吉』。

建武五銖錢范　篆書

文兩面，一作五銖錢形，四；一八分書曰：『建武二年（26）三月丙申，太僕監掾蒼、考工令通、丞或、令史□鳳、工周錢造。』在松江張氏端木家，丁敬身先生手搨，先子有釋文。

五銖錢范　篆書

一面作錢形，三；一面文曰『日利』。大興翁氏搨本。

五銖錢范　篆書

作陰文錢形，八，中直槽。

鐸　隸書

文兩面，一曰『大吉宜』，一『牛馬』，大興翁氏搨本。

鐸　篆書

文兩面，一曰『永平二年（59）』，一曰『宜子孫吉』，顧廬汀贈。

鐸　隸書

文兩面，一曰『宜子』，一曰『大吉』，易得於濟寧。

鐸　隸書

文兩面，一曰：『大富貴，宜子孫。』一曰：『宜牛□，大吉利。』陽湖孫氏收藏。

鐸　隸書

文兩面，一曰『宜子孫』，一曰『大吉利』，易得于濟寧。

建初尺　隸書

文曰：『慮俿銅尺，建初六年（81）八月十五日造。』山東曲阜縣孔氏收藏。

洗　**篆書**

文曰：『章和二年（88）囯□造。』

洗　**隸書**

文曰：『氏富禺（按：以上三字並列）貴昌，宜侯王，樂未央。』左右作雀鹿形。

洗　**隸書**

文曰：『永元十三年（101）二月廿四日造。』左右作魚雁形。洪洞李君珮得自江南邳州湖中，寄贈。

洗　**篆書**

文曰：『永元四年（92）造。』徐州王介亭收藏。

洗文　**隸書**

文曰『永』。

洗　**篆書**

文曰：『永初元年（107）造。』

洗　**篆書**

文曰：『永和二年（137）未根造作。』

（劉之泗墨筆天頭注曰：之泗案，『未根』，疑『朱提』之譌，下『未楻』同。）

魚鷺洗文　**篆書**

文曰：『永和三年（138）造作一。』此器得于濟寧。

洗　**隸書**

文曰：『永建元年（126）未楻造。』旁作雙魚形，蔡伯海搨本。

洗　**隸書**

文曰：『富貴昌，宜侯王。』

洗　**隸書**

文曰：『日昌宜侯王子孫。』左右作鳥獸形。

雙魚洗　**隸書**

文曰：『太歲在甲戌，初平五年（194）吴師作。宜子孫。』江寧司馬氏搨本。

洗　**隸書**

文曰『更甲』。

鐘　隸書

文曰『□□西□安世珄鐘』等字，家藏搨本。

真定西宮款　篆書

家藏搨本，未祥（詳）其器。

尊　八分書

文曰『中平』，在江南揚州洪氏建侯家。

（按：以上凡127種。）

魏金文

帳構銅文　八分書

文曰：『景初元年（237）五月十日中尚方造，長一丈，廣六尺，澤漆平坐帳上廣構，重二斤十兩。』揚州方西疇收藏。

香爐文　八分書

文曰：『正始六年（245）五月十五日中尚方造銅香爐，重三斤，第廿六。』易從吴門購得。

吉羊洗　篆書

作羊形，其旁文曰『吉祥』。吴縣陸貫夫搨本。

洗二種　隸書

文曰『宜子孫』。一大興翁氏搨，一洪洞李梅村收藏。

雙魚洗　篆書

文曰：『長宜子孫。』張芑堂搨本。

舉契　篆書

文曰：『平陽封宫。』桐鄉金氏收藏。

鬲　篆書

文曰『五同』，闇學芸臺阮公搨於青州。

建安弩機　八分書

文曰：『建安二十四年（219）四月十三日所市，八千五百師榏福。』番禺潘氏收藏。

弩機　隸書

文曰『正月三十日白烏』等字。大興翁氏搨本。

晋金文

太康鏡　隸書

文曰：『明亮觀人豺虎服，增官女，宜子孫，攘除惡物，樂未央。太康元年（280）□□辛未作此境。』易得於儀封河上。

（劉之泗天頭朱筆按語：之泗案，《小蓬萊閣金石目》稿本云：『乾隆壬寅得于儀封市上。』）

（按：國家圖書館藏《小蓬萊閣金石目》之石目中，『晋』下有太康元年篆書《太康鏡文》一條，下曰：『乾隆壬寅（1782）得於義封河上。』當指此鏡。南京圖書館所藏石目稿本中的朱絲欄本〔詳見徐憶農論文〕與國家圖書館藏本同，烏絲欄本中無此條目。）

釜文　隸書

文曰：『太康三年（282）八月六日右尚方造一升銅釜，重九斤七兩，第一。』河南偃師韓太初收藏。

錘文　隸書

文曰：『永昌元年（322）二月四日小將申雨造。』易得於濟寧。

鎗文　隸書

文曰：『永昌元年（322）八月造。』吴門陸謹庭寄贈。

北魏金文

造彌勒像文　正書

『皇興五年（471）七月十八日靳，還香爲上父、亡兄、亡弟、居家眷屬敬造彌勒像。』其左『靳助』二字。江寧司馬氏搨本。

龜窩文　正書

文曰：『武定六年（548）二月十六日通直散騎常侍大利行臺郎中侯陵□窩。』其上『大吉』二字。鎮洋畢氏收藏。

北齊金文

劉显造像文　正書

天保八年（557）。大興翁氏收藏。

宮江期造像文　正書

文曰：『武平五年（574）正月十三日，宮江期願家口平安，造象一口。』寧武楊杏川署山東滕縣令時購贈。

隋金文

造像文　正書

開皇元年（581）。易得於曲阜。

顏□造象　正書

開皇十九年（599）。山東曲阜顏氏收藏。

張□□造象　正書

仁壽三年（603）。陸直之從濟南購贈。

鈴文　正書

文曰：『大隋大業二年（606）三月廿八日，佛弟子前下□□□右師長史義□營□平越將軍静境都督鄉正劉顯振造鈴一口，願法男衆生咸登大道。』易得于濟寧。

唐金文

寶室寺鍾（鐘）銘　正書

貞觀三年（629），在陝西鄜州城樓上。

趙婆等造像銅刻　正書

貞觀二十一年（647），文曰『夫真容疑寂』等字，六行，銅面範金，小楷秀整。濰縣于秀才携來摹拓，今歸夏邑張刺史度收藏。

景龍觀鐘銘　正書

景雲二年（711），睿宗御製，在陝西西安府城内迎祥觀。顧寧人搨本，紀伯紫跋。

趙義成造象文　**正書**

垂拱二年（686）。何夢華得於山東曲阜縣。

高延貴造象銘

長安二年（702）。

李承嗣造象銘

蕭元昚造象

米均造像

姚元之造象

石龕阿彌陀像銘

觀音一軀及僧德感造像并滅罪等字

長安三年（703）。

鎮軍大將軍義深題名

以上八種俱正書，在陝西西安府花塔寺。

（按：以上八種俱被勾掉。）

開元造象文　**行書**

文曰：『開元十一年（723）五月五日尉行忠妻爲男□七口敬造浮圖一培，又將故像一區，合家一心供養。宏□。』趙晋齋得於西安。

尉忠造象座文　**正書**

文曰：『開元十八年（730）九月十六日，尉忠爲忘母敬造業道、藥師、觀音三區同塔。』宋芝山得于陝西，寄贈。

通真道院鐘文　**正書**

開元二十九年（741），女道士蔡凈廉等造，在江西南安府。

張處万造像文　**楷書**

額曰『大唐』，文曰：『天寶五載（746）五月廿日，上爲皇帝，下爲一切蒼生，又爲七代先亡，今爲見存父母，敬造阿彌陀像一鋪，佛弟子張處万一心供養。』此器銅質金鎏，先子所寶，并得銅像一鋪。

後唐開元寺鐘文

長興三祀（932），在穎州府。

（按：此條用朱筆補於兩頁之間。）

靈寶院鐘文　**正書**

大歷十四年（779），在河南句容縣茅山。（劉之泗朱筆注於天頭曰：之泗案，『河』乃『江』字之譌。）

貞元鐘文　**正書**

貞元元年（785），在直隸衡水縣。

寶應寺鐘文　**正書**

大順元年（890），有撫州刺史危全諷等名，朱六衣書。在江西撫州府。

銅魚符　**篆書**

文一面曰『同』，又一面曰『同』，其下正書曰『武衛□川府第三』，安邑宋芝山搨本。

虔州百勝判官陽坤題名　**正書**

天祐元年（904）。僧義全書，在江西南安府通真道院鐘上。

八卦鏡文　**篆書**

文曰：『長庚之英，白虎之精。陰陽相資，山川效靈。憲天之則，得地之寧。分列八卦，順考五行。百靈無以逃其收，萬物不能遁其形。得而寶之，福禄來成。』

青盖鏡　**篆書**

文作兩層，一曰：『青盖作鏡大克昌，巧工制之成文章。左龍右虎辟不祥，朱鳥元武□於旁。子孫富貴居中央。』一曰：『寒自入鏡自□吉可□□不芬。』桐鄉沈氏收藏。

四靈十二辰鏡　**正書**

文曰：『鍊形神治，瑩質良工；如珠出匣，似月停空；當眉寫翠，對臉傳紅；光含晉殿，影照秦宮；鐫書玉篆，永鏤清銅。』桐鄉沈氏收藏。

海馬葡萄鏡　**正書**

文與前同，趙素門搨本。

八卦鏡文　**篆書**

文曰：『天地成，日月明。五嶽靈，四瀆清。十二精，八卦貞。富貴盈，子孫寧。皆賢英，福禄并。』

鐘形鏡　**篆書**

文曰：『匪[illegible]斯鏡，以□爾容。』

鐘形鏡　**篆書**

文曰：『人鑒以形，我鑒以心。暗室屋陋，上帝臨汝（按：『臨汝』被剷去）。』家藏搨本。

（劉公魯朱筆跋於天頭曰：之泗案，疑是『暗室陋屋，上帝汝臨』八字。）

鏡　**篆書**

文曰『白玉芙蓉匣，翠羽琉璃帶』等字，嘉定瞿萇生搨本。

菱花鏡二種　**正書**

文曰：『照日菱花出，臨池滿月生。官看巾帽整，妾暎默妝成。』一隨園袁氏搨本，一仁和趙素門搨本。

（劉公魯墨筆跋於天頭曰：之泗案，『默』疑『點』字之譌。）

仁壽鏡　**正書**

文曰：『仙山並照，智水齊名。花朝艷采，月夜流明。龍盤五瑞，鸞舞雙情。傳聞仁壽，始驗銷兵。』易得于開封。

鏡文　**正書**

文曰：『團團寶鏡，皎皎昇臺。鸞窺自儛，照日花開。臨池似月，都貌嬌來。』

方鏡

文作八卦。隨園袁氏搨本。

方鏡　**篆書**

文曰：『長容富貴。』

盤龍鏡　**正書**

文曰：『盤龍麗匣，舞鳳新臺。鸞驚影見，日曜花開。團疑壁轉，月似輪迴。端形鑒遠，瞻照光來。』

淮南鏡　**正書**

文曰：『淮南起照，仁壽傳名。畫禽疑動，含花若生。圖形覽質，萬代爲貞。』

玉臺鏡　正書

文曰：『玉臺希世，紅粧應圖。千嬌集影，百福來扶。明齊滿月，光類圓珠。銘鐫几杖，字刻盤盂。』陽湖孫氏收藏。

（按：以上38種。）

後唐金文

澤州李嗣昭鐘文　正書

天祐十一年（914），在山西鳳臺縣元妙觀。

（按：唐天祐僅有四年，此或爲李姓後人所僞託。）

後晉金文

溪州銅柱記　正書

天福五年（940）。李宏皐撰，馬希廣造。在湖南振州城外溪中。

後周金文

祇園寺舍利塔題名　正書

顯德五年（958），在浙江蕭山縣。

吴越金文

金塗塔瓦　正書

右銅瓦一片，正面作佛像，其陰文曰：『吴越國王錢宏俶，敬造八萬四千寶塔，乙卯歲（按：吴越王有名錢俶者，947年立，則『乙卯歲』當公元955年）記。』其下有『人』字。桐鄉金氏收藏。

金塗塔　正書

右銅塔，四面，其陰文曰：『吴越國王錢宏俶，敬造八萬四千寶塔，乙卯歲（955）記。』下有『保』字。山陰雲騎尉陳默齋得于紹興。

（按：當查此『人』『保』二字是否千字文編號。查文獻有無記載錢宏俶造銅塔事。）

後吴金文

大安寺鐵香爐銘　正書

太和二年（930），在江西南昌府城内。

南漢金文

光孝寺鐵塔文　行書

文曰『大漢皇帝以大寶十年（967）丁卯』等字，八行，又『内侍龔澄樞』『女弟子鄧氏』等題名。在廣州光孝寺西院。

南唐金文

龍興寺鐘銘　正書

乾德五年（923）。林仁肇記。在江西南昌府。

宋金文

都虞侯印文

篆文曰：『拱聖下十都虞侯之記。』款正書曰：『端拱二年（989）四月鑄。』海寧吴氏收藏。

甘露陀羅尼經　正書

淳化元年（990）。大德敬昭記。在江西撫州府寶應寺鐘上。

鐵柱經文

淳化元年（990）。董護正書。在湖南長沙府鐵佛寺。

第一指揮印文

篆文曰：『壯勇第一指揮第五都朱記。』款正書曰：『淳化四年（993）九月鑄。』

安南昭光寺鐘文　正書

首曰：『□仁路外星罡户鄉天屬童社昭光寺鐘銘。』後署『皇越昌符九年（按：『昌符』爲安南年號）』，胡宗鷟撰，阮廷玠書。在廣東廉州府學。是時乃宋天聖三年（1025）。

守庫鐵人款字　四段　正書

治平元年（1064）及熙寧二年（1069）。有『都維那吕榮』等名。在河南登封縣中嶽廟化三門外東偏。

通利軍鐘文　正書

紹聖四年（1097），有『通利軍都巡檢使康』。在河南孟縣。

鐵桶文　正書

建中靖國元年（1101）李諒造。山東泰山岱廟。

黄澄題字　正書

崇寧三年（1104）。在江南句容縣茅山靈寶院大歷鐘上。

爐文　篆書

文：『紹興二年（1132），大寧廠臣蘇漢臣監督，姜氏鑄，至德壇用。』

忠州團練使印文　篆書

款正書曰：『乾道三年（1167）文思院鑄。』

爵文　篆書

文曰：『精忠報國。』又款曰：『岳珂建造。』桐鄉金氏收藏。

豐潤鼎文

篆文曰『惟甲午八月丙寅帝若稽古肇作宋器』等字，五行，似宋之物，在直隸豐潤縣學宫。

（劉之泗朱筆跋於天頭曰：之泗案，『宋』疑『宗』字之譌。）

（按：國家圖書館藏有《牛鼎銘》拓本，墨本高18厘米，寬11厘米，亦篆書，文曰：『維甲午八月丙寅，帝若/稽古，肇作宋器，審厥/象，作牛鼎，格于太室，/從用享，意寧神休，維/帝時寶，萬世其永賴。』另繪鼎形，旁有說明：『鼎高一尺二寸五分，闊尺有六寸，耳高三寸，腹至足七寸，重五十斤。』據乾嘉諸前賢題跋，當即此鼎。）

銅洗文　**篆書**

文曰『非非而行非之大者也』云云，似宋人格言。

（按：以上14種。）

金金文

永慶寺鐘文　**正書**

貞元二年（1154），在山東德州。

大明禪院鐘文　**正書**

大定二十四年（1184）。沙門義琛并進副尉寧鄉鎮商酒同監王資等造。在山東肥城縣城内。

泰和鐘文　**正書**

泰和三年（1203），在山東汶上縣宝相寺。

二佛神咒　**正書**

無年月。似金時鐘文。

鐵鐘文

大安三年（1211）。『皇帝萬歲重臣千秋』八字，八分書，『泗水縣鐘匠人李勍』等名書，在山東鄒縣南門城楼。

雙鐵獅款　**正書**

正大二年（1225）。王春等施造。在河南嵩山中嶽廟大殿前。

忠孝軍印文　**篆書**

貞祐三年（1215）。文曰：『忠孝軍彈壓印。』在山東濰縣于秀才家。

鐵袈裟三字　**八分書**

無年月。有篆文數行，漫滅莫辨。在山東長清縣靈巖。

元金文

集慶路能仁禪寺鐘文　篆文

至元二年（1265）。後列『道洽』等名。在江南上元鍾（鐘）山靈谷寺。

（劉公魯墨筆天頭注曰：之泗案，嚴子進《江寧金石記》：靈谷寺周辟邪鐘，至元二年能仁寺僧所仿鑄，即此。然則『在』字下所空，當是『江南上元鐘山』六字也，因據補，并識於眉。）

鐵鐘款　正書

至元二年（1265）。有僧覺訓等名，在河南登封縣少林寺東廊。

（按：此條『在』字下朱筆補『江南上元鐘山』六字。）

至元鈔文　正書

文曰：『至元通行寶□壹貫。』

（劉公魯朱筆天頭注曰：之泗案，『寶』下疑是『鈔』字。）

鐵爐文　正書

至元十七年（1280），在河南登封縣中嶽廟峻極殿西階下。

至元權文　正書

文曰：『至元二十九年（1292）益都路嶧州造。』在大興翁氏收藏。

（劉公魯朱筆天頭注曰：之泗案，『在』字衍。）

元貞權文　正書

文曰：『元貞元年（1295）。』大興翁氏收藏。

雙鐵獅文　正書

文曰：『□門師子一對，鎮宅大吉。安陽縣北銅治匠人付興男、付政造。元貞二年（1296）十二月。』在山東濟寧河督署東關忠義廟前。

棲霞萬壽宮鐵鐘文　正書

元貞二年（1296）。有『河南府路總管府坛兀女哈的迷失』等名。在河南洛陽縣白馬寺。

大德權文　**正書**

文曰：『大德七年（1303）勘相同匠人李成真定路押。』大興翁氏收藏。

鐵鐘文　**正書**

大德九年（1305），有『玉泉寺僧濟』等名。在泰安城内宴福寺。

鐘文

至大元年（1308）。『皇帝萬歲，重臣千秋』八字，篆書；款曰『磁州滏源縣臨水鎮功德王扈元』等名，正書。在河南衛輝府城隍廟。

程自元題名　**正書**

至大二年（1309），在江西南安府通真道院鐘上。

皇慶權文　**正書，旁列蒙古文**

文曰：『皇慶元年（1312）總管府造。』大興翁氏收藏。

銅爐文　**篆書**

延祐二年（1315），宗陽宫住持杜道堅造。在杭州西湖法相寺定光古佛前。

延祐權文　**正書**

文曰：『延祐四年（1317）總管府造。』大興翁氏收藏。

至治權文　**正書，旁列蒙古文**

文曰：『至治元年（1321）大都路造，二十五斤秤。』大興翁氏收藏。

泰定權文　**正書**

文曰：『泰定二年（1325）永平路□管府造。』大興翁氏收藏。

（劉公魯朱筆天頭注曰：之泗案，『管』上疑是『總』字。）

簋文　**正書**

文曰：『再至元己卯（1339）孟冬，長蘆儒學奉大都河間等路都轉運鹽使司置監造，學正孔克中，姑蘇銅匠鍾宗鑄。』易得于濟寧，今歸阮閣學芸臺收藏。

至順權文　正書

文曰：『至順四年（1333）王益都路較勘相同。』大興翁氏收藏。

至正權文　正書

文曰：『二十五斤，至正元年（1341）七月日官錘。』大興翁氏收藏。

烏龍廟鐘款　正書

至正十八年（1358），朝列大夫于應辰監造。在浙江杭州萬松嶺。

附二家墨跋：

沈樹鏞跋（題於浮簽之上）

此黄小松司馬所藏金石目，書面八字（『三代至宋元金文目』）及校正脱誤處皆親筆/也，予所得止此，碑目定多罕見之本，惜不知流落何所耳！書此/以待延津之合。

同治丙寅（1866）七月既望，鄭齋記。

鈐『沈樹鏞印』白文方印

劉公魯跋（題於書頁之上）

此目書衣有『小松所得金石』白文方印一。案：余家藏司馬揚/贈翁蘇齋漢《三公山碑》，册中有沈鄭齋手拓此印邊款，/云：『乾隆甲午秋，得漢《祀三公山碑》于元氏縣，屬王明府移置/龍化寺，作此印紀之。小松。』都卌二字，附識於此，以資印證。

戊辰（1928）三月廿六夜，貴池劉之泗公魯甫。

鈐『劉之泗』白文方印、『公魯』朱文長方印。

國家圖書館藏稿本《小蓬萊閣金石目》（館藏號9270，購字第7691號，採訪號52475），『西泠四家』之一、清代著名金石學家黄易未刊著作。此本1册，凡71葉，半頁9行，行21字，白口，四周單邊，版心魚尾下寫朝代，下方刻『小蓬萊閣』印記。簽曰：『小蓬萊閣金石目。丙午二月上浣彙録于蘭陽之快臺。』首頁鈐『漢畫室』白文方印、『孫星衍藉觀印』朱文長方印，末頁鈐『漢畫室』印。尾隸書題：『丙午六月四日孫星衍借觀于中州節署。』

雖題爲『金石目』，實際著録三代至唐石刻共536種：其中三代6種，秦4種，漢65種，鉤摹漢碑8種，魏8種，吴4種，晋2種，前秦2種，梁5種，後魏28種，北齊15種，後周1種，隋19種，唐369種。

每一條目頂格書題名，下小字説明各部分書體。次行低四字用『年號＋年份』方式注明時間，僅到某年，不著日月。下空一格注撰書人及附屬題名題記等。題名題記方式用『朝代＋年號＋年份或干支＋責任人＋責任方式』的方法，并注明原碑所在地或藏家、來源等。此本每一條目上有墨圈，部分條目又朱筆加點。

小蓬萊閣金石目

三代石刻

夏禹王衡岳碑　古篆

宋嘉定壬申（1212）何致所摹，曹彦約刻于長沙嶽麓書院。（按：此條目先著爲『峋嶁碑　篆書』，鉤改。）

周武王封比干墓銅盤銘　古篆

元王公悦從《汝帖》摹刻，明萬曆十五年（1587）周思彦重摹。在汲縣比干廟内。

石鼓文　篆書

在國學戟門下壁間。有元至元乙卯（按：当为『己卯』，1339）潘迪音訓刻石。

周穆王壇山石刻　篆書

宋摹刻本，在直隸贊皇縣儒學。又嘉祐己亥（1059）趙庠題字，皇祐五年（1053）李中祐記并題額。

比干墓題字　隸書

在河南汲縣比干墓上。

季札墓題字　篆書

唐大曆十四年（779）蕭定重刻，在江南丹陽縣延陵鎮吴季子廟。

秦石刻

泰山刻石　篆書

原石在山东泰安府岱頂碧霞元君，今不存。（按：原作『石刻』，鉤改作『刻石』。）

嶧山碑　篆書

宋淳化四年（993）刻本，鄭文寶記在陝西西安府學。

（按：原作『石刻』，鉤改作『碑』。）

琅琊臺碑　篆書

在山東諸城縣。

（按：原作『石刻』，鉤改作『碑』。）

衛字瓦文　隸書

安邑宋學正蘭山寄贈。

（按：原作『時關中掘地得秦漢瓦頭三十餘種，易得此種瓦』，被勾掉。）

漢石刻

魯孝王刻石　隸書

五鳳二年（前56），後刻金明昌二年（1191）高德裔記。

在山東曲阜縣孔廟。

祝其卿上谷府卿墳壇石　篆書

居攝二年（7），在山東曲阜縣孔廟。

漢中太守鄐君開通褒斜道碑　隸書

永平九年（66），并宋晏袤八分書石刻，在陝西褒城縣北石門。

慮　虒銅尺文　篆書

建初六年（81），在曲阜縣孔廟。

（按：此條目被勾掉，後無補。）

郭巨石室畫像并題字　八分書

永建四年（129），邵善君題名二十六字及『成王天王車』『胡王相』等字并永康元年（167）、景明二年（501）、先天二年（713）、□興二年（按：先天至熙寧之間，只有後唐『長興』有二年，即931）、熙寧四年（1071）及零星細刻之字，中間石柱上有唐大中十年（856）、元豐元年（1078）、崇寧五年（1106）題名。在肥城縣孝堂山，乾隆辛丑（1781）四月易始搨得。

敦煌太守裴岑紀功刻石　隸書

永和二年（137），在鎮西府北關關忠義廟。

仙集留題字　八分書

漢安元年（142）。

漢故益州太守北海相景君銘　并碑陰八分書篆額

漢安二年（143），在濟寧州儒學。

司隸校尉楊孟文石門頌　八分書

建和二年（148），在襃城縣北石門内。

魯相乙瑛置孔廟百石卒史碑　八分書

永興元年（153），右《孔和碑》，後有宋嘉祐七年（1062）張稚圭題字。在曲阜縣孔廟。

故宛令益州刺史南郡襄陽李字孟初神祠之碑　八分書并額

永興二年（154），在南陽府。

孔謙碑　八分書

永興二年（154），在曲阜縣孔廟。

魯相韓敕造孔廟禮器碑　并碑陰及兩側八分書

永壽二年（156），在曲阜縣孔廟。

（按：原有『碑陰有熹平題名』，被勾掉。）

漢故郎中鄭君之碑　八分書篆額

延熹元年（158），右《鄭固碑》，在濟寧州儒學。初止上段，州人李鯤於雍正戊申（1728）得下段。乾隆戊戌（1778），易與李鯤之子東琪見上段嵌入座内，有字爲石所掩，出之，復得字九行，行十二字。

有漢泰山都尉孔君之碑　并碑陰八分書篆額

延熹四年（161），右《孔宙碑》，在曲阜縣孔廟。

（按：此條被勾掉，補於《淮源廟碑》後。）

蒼頡廟碑　并碑陰及兩側八分書

延熹五年（162），碑首有宋嘉祐庚子呂大忠等刻字。在白水縣史官村黄龍山廟内。

淮源廟碑　八分書

延熹六年（163），元至正四年（1344）吴柄重書，在桐柏縣。

泰山都尉孔君之碑　陰八分書篆額

[延]熹七年（164），右《孔宙碑》，[在]曲阜縣孔廟。

（按：此條加於天頭，上略殘缺，方括號内字據殘留筆畫補。）

漢故太尉楊公神道之碑　八分書篆額

右《楊震碑》，原石在閿鄉縣，此搨疑僞作。

漢故高陽令楊君之碑　八分書篆額

右《楊著碑》，原石在閿鄉縣，此搨疑僞作。

漢故衛尉卿衡府君之碑　并碑額俱八分書

建寧元年（168），右《衡方碑》，在汶上縣郭家樓野中。

竹邑侯相張壽碑　八分書

建寧元年（168），在城武縣儒學。

漢故執金吾丞武君碑　并碑額俱八分書

建寧□年（168—172），在濟寧州儒學。

孝廉柳敏碑　八分書

建寧二年（169），洪氏《隸釋》云石在蜀中，此搨疑僞作。

魯相史晨請出家穀祀孔廟碑　八分書

建寧二年（169），在曲阜縣孔廟。

（按：原有『後有周天授二年（691）馬元貞等題字』，被勾掉。）

魯相史晨饗孔廟後碑　八分書

建寧□年（168—172），在曲阜縣孔廟。史晨祀孔廟碑之陰，後有周天授二年（691）馬元貞等題字。

淳于長夏承碑　八分書

建寧三年（170），明嘉靖四年（1525）重刻，在廣平府漳川書院。

武都太守李翕西狹頌　八分書

建寧四年（171），在成縣。

黽池五瑞圖碑　八分書
在成縣。
漢故博陵太守孔府君碑　并碑陰八分書篆額
建寧四年（171），右《孔彪碑》，在曲阜縣孔廟。
漢故陳君之碑　并碑陰八分書篆額
建寧四年（171），右《陳德碑》，褚峻《金石圖》云在沂州東南數十里田間，今莫可考，疑褚峻僞作。
（按：此碑名稱甚爲生疏。）
漢故豫州從事孔君之碑　八分書并額
建寧四年（171），右《孔褎碑》，在曲阜縣孔廟。
武都太守李翕析里橋郙閣頌　八分書
建寧五年（172），在略陽縣。
成陽靈臺碑　八分書
建寧五年（172），原石在濮州，此舊搨重刻本。
漢故司隸校尉忠惠父魯君碑　并碑陰碑額八分書
熹平二年（173），右《魯峻碑》，在濟寧州儒學。
司隸校尉楊淮碑　八分書
熹平二年（173），在褒城縣石門。
豫州從事尹宙碑　八分書篆額
熹平四年（175），在鄢陵縣學，碑陰有元皇慶二年（1313）。
（按：此條被勾掉，後補於《校官碑》之前，著録爲『熹平六年（177）』。尹宙卒於熹平六年四月二十四日。）
□池陽項伯脩題（以下缺數字）書
熹平三年（174），在曲阜[縣]孔廟。《韓敕碑》陰□□□二百等□之下。
（按：此條書於天頭，上殘，缺二三字。）
漢循吏故聞憙長韓仁銘　八分書篆額
熹平四年（175），銘後有金正大五年（1228）趙秉文及李獻能、李天翼題字，在滎陽縣署。
□□嵩高靈廟碑　八分書
熹平四年（175），□□名李度銘，在［開］封縣

（按：此條書於天頭，上殘，缺數字。）

石經尚書殘碑　八分書

石經論語殘碑　八分書

熹平四年（175）。原碑在洛陽，宋時止有殘石，乾隆丁酉（1777），易得宋搨本。

【豫州】從事尹宙碑　八分書篆額

熹平六年（177），在鄢陵縣。

（按：此條書於天頭。）

校官之碑　并碑額八分書

光和四年（181）。右《潘乾碑》，元至順四年（1333）單禧釋文刻名，在溧水縣儒學。

漢故涼州刺史魏君之碑　八分書篆額

光和四年（181）。右《魏元丕碑》宋搨本，原石在萊州。

白石神君碑　并碑陰八分書篆額

光和六年（183）。後有燕元璽三年（354）主簿程疵題字，在元氏縣龍化寺。

郃陽令曹全碑　并碑陰八分書

中平二年（185），在郃陽縣儒學。

尉氏令鄭季宣碑　并碑陰篆額八分書

中平三年（186），在濟寧州儒學。

漢故穀城長蕩陰令張君表頌　并碑陰俱八分書篆額

中平三年（186），右《張遷碑》，在東平州儒學。

漢故王君之碑　并碑額篆書

中平二年（185），潘寧跋云：此碑搨自蜀中，未詳其地，疑僞作。

漢故幽州刺史朱君之碑　八分書篆額

（按：原作『中平五年（188）』，勾改爲『二年』。）

中平二年（185），右《朱龜碑》舊搨重刻本，原石在亳州。

漢故小黃門譙君之碑　八分書篆額

中平四年（187），右《譙敏碑》舊搨重刻本，原石在棗強縣。

魯王墓石人刻字　篆書

一曰『府門府門之卒』，一曰『漢故樂安太守麃君亭□』，在曲阜縣張屈莊魯王墓前。

□□（上缺）唐君之碑　八分書篆額并碑陰

（上缺）在城固縣壻鄉。

（按：此條書於天頭。）

魯相謁孔廟殘碑　八分書

首行『□命興』等字，在曲阜縣孔廟。

漢殘碑　八分書

右俗名『竹葉碑』，首行曰『雷夏炙』等字，在曲阜縣顏樂清懋倫家。

膠東令王君廟門斷碑　八分書

在濟寧州儒學，乾隆四十年（1775）州人李東琪得于學宮松根下。

漢高祖大風歌　篆書

在沛縣歌風臺，相傳爲曹喜書。

漢殘碑　八分書

首行曰『自然之性』等字，中有『司徒』二字，孔繼涵命曰『司徒殘碑』。

十三字殘碑　八分書

右碑首曰『稱弟故等事』，在郃陽縣康強家。

李京等題字　八分書

題名三行，首曰『五官掾』，至下辨『李京字長明』等字。

平狄將軍扶溝侯朱鮪石室畫像并題字　八分書

石室在金鄉縣城西北三里曠野中，乾隆丁酉（1777）户部主事孔繼涵搨贈數幅。嗣河決室淤，甲辰（1784）夏易謀之邑令馬于荃，復還舊觀，得全搨本，始見真面。右壁有『漢朱嘉亭萬吉祥』等字及『朱長舒之墓』五字，又有五字，并細筆刻記之。

漢畫像　刻車馬人物

在濟寧州城内普照寺大殿西堦下，乾隆戊戌（1778）易與李東琪搨得。

瓦文三十一種　**篆書**

近時關中掘地得之。

民故武都太□等殘碑　**八分書**

在華陰縣華嶽廟，近時修廟所得。

武梁祠堂畫像　**八分書**

原石在濟寧州，今揚州汪淼家有唐搨本，易摹得，寄安邑宋葆淳重刻木本。

射陽縣石門畫像并題字　**八分書**

右畫像二幅，一上層刻孔子見老子像，中下二層刻人物；其一上層刻雀形，中層作牛首銜環，下層刻一人握牌執刀。在寶應，近爲汪中所得。

鉤摹漢碑

西嶽華山廟碑　**八分書篆額**

延熹八年（165），原石在華陰縣，今朱學士筠有宋搨本，翁樹端爲易鉤摹。

漢故繁陽令楊君碑　**八分書篆額**

熹平三年（174）。

［武］都太守耿勳碑　**八分書**

熹平五年（176），在成縣。

（按：此條書於天頭。）

漢故沛相楊君之碑　**八分書篆額**

建寧元年（168），右二碑原石在閿鄉縣，今陝西王按察昶有搨本，易摹得，疑是僞作。

蜀侍中楊公闕　**八分書**

原石在梓潼縣，今仁和姚官之有搨本。

漢元儒婁先生碑　**八分書**

熹平三年（174），洪氏《隸釋》云石在光化軍，易有趙靈均寫本。

淳于長夏承碑　**八分書**

原石在廣平府，王吏部澍所鉤宋搨本今爲山陰梁相公付梓。

劉熊碑　八分書

原石在延津縣，今新安巴慰祖雙鉤付梓。

（按：以上8種。）

魏

公卿將軍上尊號奏　八分書篆額

黄初元年（220），在臨潁縣。

受禪表　八分書篆額

黄初元年（220），在臨潁縣。

魯孔子廟之碑　八分書篆額

黄初元年（220），右《孔羡碑》，有宋嘉祐七年（1062）張稚圭題字，在曲阜縣孔廟。

十八字殘碑　八分書

黄初五年（224），右殘石二片，一曰『我君』等字，一曰『疾病』等字，在郃陽縣夏陽渡許氏。

漢故廬江太守范府君碑　八分書篆額

青龍二年（234），右《范式碑》宋搨本，乾隆戊戌（1778）膠州崔儒眎得碑額殘石于濟寧州儒學龍門水口，置戟門下，求正碑，不可得。

帳構銅文　八分書

景初元年（237），在揚州方西疇家。

東武侯王基碑　八分書

景元二年（261），在洛陽縣。

潘宗伯韓仲元李苞等閣道題名　八分書

景元四年（263），在褒城縣石門内。

（按：以上8種。）

吴

寶鼎磚文　隸書

寶鼎二年（267），在海鹽縣。

九真太守谷朗碑　**八分書**

鳳皇元年（272），在耒陽縣杜甫祠。

天發神讖文　**篆書**

天璽元年（276），在江寧府儒學。

吳故衡陽郡太守葛府君之碑　**正書**

止有碑額，在句容縣西門外，孫明經星衍所得。

竟是表墓碑，而非額也，上下俱無字。

（按：上一行寫於天頭，文字上方繪碑圖。）

（按：以上4種。）

晋

太康鏡文　**篆書**

太康元年（280）。乾隆壬寅（1782）得於義封河上。

晋故散騎常侍新平廣漢二郡太守尋除埜內使御史中丞使持節大都督塗中京下諸軍事平西將軍孝侯周府君之碑　**正書**

大興二年（319）。右《周處碑》，陸機撰，王羲之書，唐元和六年（811）義興縣令陳從諫重立，在宜興縣。

（按：以上2種。）

前秦

鄧太尉祠碑　**八分書**

建元二年（366），右《鄧艾碑》在（下闕）。

廣武將軍碑　**并陰八分書**

建元四年（368），在宜君縣。

（按：以上2種。）

梁

梁故侍中撫將軍開府儀同三司吴平忠侯蕭公之神道　正書

反寫

右《蕭景闕》，在江寧花林村。

梁故侍中司徒驃騎將軍始興忠武王碑　正書并額

右《蕭憺碑》，徐勉撰，貝義淵書。在江寧攝山道中。

（按：原有『普通三年（522）』，被勾掉。）

梁故散騎常侍司空安成康王之碑　正書碑額八分書

右《蕭秀碑》，在江寧攝山道中。

（按：原有『天監十七年（518）』，被勾掉。）

瘞鶴銘　正書

在鎮江焦山。

（按：《瘞鶴銘》一般著録爲南朝梁天監十三年〔514〕。）

井闌題字　正書

天監十五年（516），在句容縣城守營後，孫明經星衍所得。

（按：以上5種。）

後魏

寇天師修中嶽廟碑　正書

太安二年（456），在登封縣。

邑子像碑　正書并額

太和七年（483）。右《孫秋生等造石像碑》，孟廣達文，蕭顯慶書，在洛陽縣。

（按：『邑子像』下原有『碑』字，被勾掉。）

洛州刺史始平公像記　正書陽文

太和十二年（488）。□達文，朱義章書，在洛陽縣。

孝文皇帝吊比干墓文　正書

太和十八年（494），在汲縣。

比邱法生造象碑　正書

景明四年（503），在洛陽縣。

道民馮種育等造像碑　正書

正始二年（505），在（下闕）。

石門銘并序　正書

永平二年（509），王遠撰，在褒城縣北石門内。

華州刺史安定王仰（佈？）造象碑　正書

永平四年（511），在洛陽縣。

雒州刺史刁遵墓銘　并碑陰正書

熙平二年（517），在南皮縣，今歸樂陵劉克綸家。

魏故持節龍驤將軍督營［州］諸軍事營州刺史征［虜］將軍大中大夫臨青男［崔］公之墓誌銘　正書

熙平二年（517），右《崔敬邕碑》，陳奕禧（下闕）跋云碑在安平縣學鄉賢（下闕）祠壁，曲阜孔中翰繼涵重刻。

（按：此條書於天頭。）

門師張𨑚等七十人造像碑　正書

神龜二年（519）。

邑師惠感等造彌勒像碑　正書

神龜三年（520），在洛陽縣。

濟□相涼朔恒六州刺史高植碑　正書

神龜□年（518—520），在德州田氏。

魏魯郡太守張府君清頌之碑　并碑陰碑額正書

正光三年（522），右《張猛龍碑》，在曲阜縣孔廟。

魏故懷令李君墓誌銘　正書

正光六年（525），右《李超碑》。

中岳嵩陽寺碑銘序　八分書

天平二年（535），在登封縣。

魏故假節督齊州諸軍事輔國將軍齊州刺史高公墓誌銘　正書

元象□年（538—539），右《高湛碑》，在德州封漢棠家。

禪靜寺剎前銘　敬史君之碑　并碑陰正書

興和二年（540），右《敬顯雋碑》，在長葛縣。

李仲旋修孔廟碑　正書

興和三年（541），在曲阜縣孔廟。

魏故渤海太守張府君【碑】　正書并額

興和三年（541），[在]靈壽縣城内佛寺。見陸清獻公隴其《靈壽縣志》載此碑，乾隆乙未搨得。

（按：此條書於天頭。）

邑子季洪演造象碑　正書

武定二年（544），在獲嘉。

□□敬造石象碑　正書

武定六年（548），在偃師縣。

（按：此條書於天頭。）

太公吕望碑　正書

武定八年（550），穆子容撰，在汲縣。

文殊舍利碑　正書并額

首曰『爾時世尊』等字，在寧陽縣水牛山。

（按：此條天頭注曰：『碑入北齊。』原名作『水牛山佛經』。）

□□山摩崖字　八分書

□□曰舍利，凡五十二□□，在寧陽縣水牛山。

（按：此條書於天頭。）

魏兖州賈使君之碑　并碑額正書

在兖州府學，碑陰有宋紹聖三年（1096）温益禹弼并元至正十二年（1352）李弼等記。

魏使持節散騎常侍都督雍州諸軍事安西將軍雍州刺史松滋公河南元萇振興温泉之頌　正書篆額

在臨潼縣靈泉觀。

陸渾縣功曹魏靈藏造像碑　正書

在洛陽縣。

（按：此條下原書興和三年（541）張府君碑，後勾掉，補於李仲璇修孔廟碑後。）

（按：以上28種。）

北齊

大齊趙郡王□□□之碑　并碑額正書

天保八年（557），右《高叡碑》，在靈壽縣祁林院，見陸清獻公縣志，乾隆乙未搨得。聞地癖（僻）多虎患，不可復搨。

夫子之碑　八分書篆額

乾明元年（560），在曲阜縣孔廟。

【在】孫寺造像碑　八分書

河清三年（564），凡四幅，在登封縣。

（按：此條書於天頭，碑名劇全本補。）

邑主韓永義等造七佛寶像記　正書

天統三年（567），在洛陽。

（按：『洛陽』二字朱筆補。）

少林寺造像碑　正書

武平元年（570），在登封縣少林寺。

隴東王感孝頌　八分書篆額

武平元年（570），申嗣邕撰，梁恭之書，在肥城縣孝堂山郭巨石室外西壁。

朱岱林墓碑　正書

武平二年（571），在壽光縣。

比邱僧道略等造象碑　正書

武平二年（571）。

邑義王□一百人造靈塔碑　正書

武平三年（572），在兖州府城内湯氏。

司空青州刺史臨淮王像碑　八分書

武平四年（573），右《婁定遠碑》，在（下闕）。

武平造像碑　止有上段正書

武平五年（574）。

比邱尼圓照等造彌勒主名像碑　正書

武平六年（575），在慶雲縣管家寺。

邑主馬天祥等造象碑　八分書陽文

武平九年（578）。

象主章仇昨娘等造像碑　正書

右碑無年月，與《朱岱林碑》書體相似，定爲齊碑，在汶上縣辛家海關帝廟。

清河王高岳造西門豹祠碑　并碑陰八分書

在安陽縣城隍廟。

（按：以上15種。）

後周

華嶽頌　八分書

天和二年（567）。万紐于謹文，趙文淵書，在華陰縣華嶽廟，有宋熙寧癸卯劉舫等題字。

（按：以上1種。）

隋

恒州刺史鄂國公爲國勸造龍藏寺碑　并碑陰碑側碑額俱正書

開皇六年（586）。張公禮撰，在正定府龍興寺。

（按：天頭補注曰，尚少兩側字。）

邑子□元起等造象碑　并碑側正書

開皇八年（588），在（下闕）。

大隋南宮令宋君象碑　并碑陰碑側八分書篆額

開皇十一年（591），在南宮縣城内尼寺，乾隆甲午（1774）七月易見邢侗所撰縣志載此，訪得搨之。

大隋洺州南和縣澧水石橋碑　八分書篆額

開皇十一年（591）。

大隋邢州南和縣澧石□橋□纍文碑　八分書篆額

右二碑在南和縣，乾隆乙未（1775）縣令吳璟搨寄，碑陰有明嘉靖十一年（1532）易宗周二詩，并子夢圖篆書題字。

都邑主杜乾緒等造像記　正書

開皇十二年（592），在（下闕）。

行唐邑龕妙法蓮花經觀世音普門品　八分書

開皇十三年（593），龕主韓長秀，在曲陽縣少容山，乾隆乙未署縣令周震榮搨得。

曹子建碑　正書

開皇十三年（593），在東阿縣。

大隋安喜公李使君碑　八分書篆額

開皇十七年（597），在乾州上官村。

諸佛舍利寶塔額　八分書

仁壽元年（601），有楊繼宗等題名，在大茘縣。

大隋皇帝舍利寶塔下銘　正書

仁壽二年（602），石作圓形，在河南布政司庫中。

鄭州刺史李淵爲子祈疾疏　行書

大業二年（606），在鄠縣草堂寺。

平越將軍劉⿰田頁振造鈴文　行書

大業二年（606），右銅鈴，易得于濟寧。

遵德鄉磚文　正書

大業三年（607），右磚定海藍嘉瑄得于濟寧鄉間，乾隆戊戌贈易收藏。

大隋使持節柱國靈州總管海陵郡賀若使君之碑　正書

右《賀若誼碑》，在興平縣學。

陳明府修孔廟碑　八分書

大業七年（611），仲孝俊撰，在曲阜縣孔廟。

隋故左屯衛大將軍左光禄大夫姚恭公墓誌銘　正書

大業七年（611），右《姚辯墓誌》，虞世基撰，歐陽詢書，重刻本。

智永千文　正草二體書

宋大觀己丑（1109）刻，有薛嗣昌跋，在西安府學。

寶慶寺瓦文　篆書

在咸寧縣花塔寺，陽湖孫星衍携贈。

（按：以上19種。）

唐

觀音寺方碣　正書

武德五年（622）。陸德明撰，在汜水縣王留村觀音寺。

大唐宗聖觀記　**八分書碑額正書**

武德九年（626），歐陽詢撰序并書，陳叔達撰銘，在盩厔縣樓觀。

孔子廟堂之碑　正書

武德九年（626），虞世南撰并書，一在西安府學，一在城武縣學。

孔子廟詔表碑　八分書

武德九年（626），後有金明昌二年（1191）高德裔題名及乾封元年（666）□□□，在曲阜縣孔廟。

隨（隋）柱國宏義明公皇甫君碑　正書

右《皇甫誕碑》，于志寧撰，歐陽詢書，在西安府學。

等慈寺碑　正書篆額

貞觀二年（628），顏師古撰，在汜水縣等慈寺。

寶室寺鐘銘　正書

貞觀三年（629），在鄜州城南樓上。

豳州昭仁寺碑　正書

貞觀四年（630），朱子奢撰，碑後有宋元豐五年（1094）張淳、紹聖元年（1082）張重題字，在長武縣城東隅。

化度寺故僧邕禪師舍利塔銘　正書

貞觀五年（631），李伯藥文，歐陽詢書，重刻本。

九成宮醴泉銘　正書篆額

貞觀六年（632），魏徵撰，歐陽詢書并篆額，在麟遊縣北九成宮故基。

唐故特進尚書右僕射虞恭公温公之碑　**正書篆額**

貞觀十一年（637），右《温彦博碑》，岑文本撰，歐陽詢書，在醴泉縣煙霞洞。

睦州刺史張琮碑　**正書篆額**

貞觀十三年（639），于志寧撰文，在咸陽縣雙照村。

（按：此條題名先著録爲『唐故光禄大□張府君碑』，爲此碑首題，下注曰『右《張琮碑》』，後劃掉注，題名直接名『睦州刺史張琮碑』。可見黄易著録日漸科學之處。）

大唐左屯衛將軍姜行本勒石之記文　**正書**

貞觀十四年（640），司馬太真詞，具在鎮西府松樹塘。

伊闕佛龕之碑　**正書篆額**

貞觀十五年（641），岑文本撰，褚遂良書，在洛陽縣龍門山賓陽洞西壁間。

褒國公段志元碑　**正書篆額**

貞觀十六年（642），在醴泉縣儀門村。

（按：原有『右《段行琛碑》』，被勾掉。）

贈比干太師詔并祭文　**八分書**

貞觀十九年（645），薛純陁書，在汲縣。

晋祠之銘　**行書碑額飛白書**

貞觀二十年（646），御製御書，在太原晋祠。

太宗屏風碑　**草書**

宋嘉泰甲子（1204）王允祁刻，元延祐丙辰（1316）王昌遷立於餘杭縣廳壁。

大唐故右僕射司徒申文獻公塋兆記　**正書**

貞觀十一年（637），右《高士廉碑》，許敬宗撰，趙模書，在醴泉縣北烟霞洞。

（按：此條被勾掉，但未按時間補於前。）

大唐故國子祭酒曲阜憲公孔公之碑銘　**正書篆額**

貞觀二十二年（648），右《孔穎達碑》，于志寧撰，在醴泉縣西谷村。

大唐蜀王師盖府君碑　**并碑陰碑側碑額俱正書**

貞觀二十三年（649），右《盖文達碑》，于志寧文，李

□□書，在衡水縣。

隨（按：原文作此）文州總管光禄卿陸使君碑　并碑額俱正書

貞觀二十七年（按：貞觀僅二十三年，此《陸讓墓碑》，貞觀十七年十一月廿六日，643），右《陸讓碑》，陳□□撰，郭儼書。

大唐故左僕射上柱國太尉梁文昭公碑　正書篆額

右《房元齡碑》（按：此碑刻立於永徽三年，652），褚遂良書，在醴泉縣烟霞洞。

□□（上殘）師德等造象碑　正書

永徽元年（650），在洛陽縣。

（按：此條補於天頭。）

大唐三藏聖教之序　正書

永徽四年（653），太宗御製，褚遂良書。

大唐三藏聖教序記　正書

永徽四年（653），高宗御製，褚遂良書。右二碑俱在西安府城南慈恩寺塔下。

萬年宫銘　并碑陰篆額

永徽五年（654），高宗御製，行書，碑陰諸臣正書。在麟遊縣北九成宫故基。

大唐太子少保上柱國穎川定公之碑　正書篆額

永徽六年（655），右《韓良碑》，于志寧文，王行滿書，在富平縣儒學。

大唐三藏聖教序　正書

顯慶二年（657），王行滿書，在偃師縣店北寺前，今在學宫。

唐故開府儀同三司尚書右僕射司徒衛景武公碑　正書篆額

顯慶三年（658），右《李靖碑》，許敬宗撰，王知敬書，在醴泉縣北烟霞洞旁。

上西嶽書　行書篆額

李靖文，碑在華陰縣，疑是僞作。

（按：此條原注有『爲縣令姚遠翻埋藏，今復重刻，蓋僞作也』等字，後剗去。當檢此碑來龍去脈。）

大唐王居士磚塔之銘　正書

顯慶三年（658），上官靈芝文，敬客書，向在城南百塔寺，石碎爲八，今在郃陽縣庫。

大唐故司徒並州都督鄂國忠武公之碑　正書篆額

顯慶四年（659），右《尉遲恭碑》，許敬宗撰，在醴泉縣北趙村。

紀功之頌　行書碑額飛白八分書

顯慶四年（659），高宗御製并書，在汜水縣。

大唐故蘭陵長公主碑　正書

顯慶四年（659），李義府撰，在醴泉縣老軍營西。

道士郭行真岱嶽觀題名　正書

顯慶六年（661），在泰山老君堂。

（按：此條補於天頭。）

夫人程氏塔銘　正書

龍朔元年（661），在西安府城南。

大唐故冠軍大將軍代州都督許公之碑　正書篆額

龍朔二年（662），右《許洛仁碑》，在醴泉縣儀門村。

大唐三藏聖教序并記　正書

龍朔三年（663），在同州府。

大唐故翻經大德益州多寶寺道因法師碑文并序　正書

龍朔三年（663），李儼文，歐陽通書，在西安府學。

大唐故騎都尉李君墓誌銘　正書

麟德元年（664），右《李文碑》，在同州府金塔寺。

隴州刺史碑　八分書

麟德元年（664），在（下闕）。

大唐故柱國燕國公于君之碑　正書

乾封元年（666），右《于志寧碑》，令狐德棻撰，子立政書，在三原縣北三家店。

大唐紀國故先妃陸氏之碑銘　正書篆額

乾封元年（666），在醴泉縣北西屯村。

大唐贈泰師魯國孔宣公碑　八分書

乾封元年（666），崔行功文，孫師範書，在曲阜縣孔廟。（按：原作『在曲阜縣孔廟武德詔書碑下層』，被勾掉。此碑陰刻《孔廟詔表並祭文》。）

大唐故道安禪師塔銘　正書

總章三年（670），在西安城南百塔寺。

大唐故左武衛大將軍淄川公李府君碑　正書篆額

咸亨元年（670），右《李孝同碑》，諸葛思楨書，在三原縣北三家店。

碧落碑　篆書

咸亨元年（670），李訓誼撰，在絳州。

大唐□將軍張公之碑　正書篆額

咸亨二年（671），右《張阿難碑》，僧普□書，在醴泉縣西谷村。

大唐三藏聖教序記并心經　行書

咸亨三年（672），僧懷仁集晋王羲之書，在西安府學。

金剛經　正書

咸亨三年（672），王知敬書，在登封縣少林集（『集』被點去）寺。

孝敬皇帝叡德記　行書碑額飛白八分書

上元二年（675），高宗御製并書，在偃師縣。（按：原注曰『在汜水縣』。）

大唐故右驍衛大將軍薛國貞公阿史那府君之碑　正書

上元二年（675），右《阿史那忠碑》，在醴泉縣北西谷村。

宣義郎周遠志等造彌陁像文　正書

上元二年（675），在（下闕）。

明徵君碑　行書篆額

上元三年（676），高宗御製，高正臣書，王知敬篆額，在江寧。（按：原題名上有『攝山棲霞寺』五字，被勾掉。）

大德寺碑　正書

上□□年（674-676），在澠池縣。

（按：此條補於天頭。）

周豫州刺史淮南公杜君之墓誌　**正書篆額**

儀鳳二年（677）。

道士葉法善岱嶽觀題名　**正書**

儀鳳三年（678），在泰山老君堂。

（按：此條補於天頭。）

大唐褚公之碑　**八分書篆額**

右《褚亮碑》（按：此碑在貞觀二十一年十月一日，647），在醴泉縣北烟霞洞。

大唐天后御製詩　**正書**

永淳二年（683），王知敬書，在登封縣少林寺。

道士阮孝波等岱嶽觀題名　**正書**

神龍元年（705），在泰山老君堂。

（按：此條補於天頭。）

□氏故妻王三娘墳記　**正書**

神龍二年（706），在西安府城南十里。

大唐洛州滎陽縣頭陀逸僧識法師上頌聖主中興得賢令盧公清德之文　**八分書**

神龍三年（707），劉穆之篹，王守哲書，在滎陽縣。

滎陽縣令盧正道敕　**正書**

景龍元年（707），中宗御書，在滎陽縣。

大唐景龍二年正月易州龍興觀爲國敬造道德經五千文　**正書兩面刻**

景龍二年（708），碑兩側有南州刺史□師及道士成仙觀等題名。在易州龍興觀。

乾封縣令上柱國張懷貞等岱岳觀題名　**正書**

景龍二年（708），在泰山老君堂。

（按：此條補於天頭。）

道士杜太素等岱岳觀題名　**行書**

景龍三年（709），同前。

（按：此條補於天頭。）

大唐□□寺故比邱法琬法師碑　**正書**

景龍三年（709），沙門承遠撰，劉欽旦書，在西安府學。

大唐洛州濟源縣宗姓奉爲高宗天皇大帝於奉仙觀敬造太上老君石像碑　**正書**

垂拱元年（685），智烈書，在濟源縣濟瀆廟。

大唐中岳隱居太和先生瑯耶王徵君臨終口授銘　**正書**

垂拱二年（686），季弟紹宗甄録并書，在登封縣承天宫西原。

大唐懷州河内縣沐澗魏夫人祠碑銘並序　**行書**

垂拱四年（688），路敬漳製，僧從謙篆額，在河内縣。

（按：此條補於天頭。）

美原神泉詩並序　**俱篆書碑額一八分書一篆書**

垂拱四年（688），韋元□等撰，尹元凱書，在富平縣美原鎮。

道士馬元貞等岱岳觀題名　**正書**

天授二年（691），在泰山老君堂。

（按：此條補於天頭。此條與前一條筆跡不同，但與其他岱嶽觀題名則同。或做完此目後得到一批泰山岱嶽觀題名，便據年月分别補入金石目。）

大周封祀壇碑　**正書**

萬歲登封元年（696），武三思撰，薛曜書，在登封縣西萬年岡。

大周故邛州滎德縣丞梁君墓誌銘並序　**正書**

萬歲通天二年（697），右《梁師亮碑》，在西安城南百塔寺。

□浮圖銘　**行書**

萬歲通天二年（697），趙頲撰，馮善廓等造，在長葛縣。

道士孫文儁岱嶽觀題名　**正書**

萬歲通天二年（697），在泰山老君堂。

（按：此條補於天頭。）

□牛□小石橋之碑　**行書篆額**

聖歷元年（698），在滕縣西灞陵橋華祖閣門前，乾隆乙巳易過此搨得。

道士桓道彦等岱嶽觀題名　正書

聖歷元年（698），在泰山老君堂。

（按：此條補於天頭。）

閏生元相造四面像并浮圖石幢　正書

聖歷二年（699），在永清縣城東會福寺。

（按：此條補於天頭。）

昇仙太子碑　行書碑額飛白八分書

聖歷二年（699），武后撰并書，碑陰薛稷、鍾紹京等書，并宋政和元年（1111）鄧洵武題名，在偃師縣緱山。

明堂令于大猷碑　正書

聖歷三年（700），在三原縣北三家店。

（按：原題名曰『明堂縣令東海于公碑』。）

鴻慶寺碑　正書

聖歷□年（698—700），在澠池縣。

（按：此條補於天頭。）

游石淙詩　正書

秋日宴石淙序　正書

久視元年（700），薛曜書，後有宋至和二年（1055）范純仁等題名、熙寧庚戌張琦等題名、宣和甲辰王續詩。在登封縣石淙北崖。

博城縣令馬□早春陪敕使麻先生祭岳詩

（按：此條補於天頭。）

道士麻慈力岱嶽觀題名　正書

久視二年（701），在泰山老君堂。

（按：此條補於天頭。）

道士趙敬岱嶽觀題名　正書

長安元年（701），在泰山老君堂。

（按：此條補於天頭。）

大雲寺皇帝聖諭之碑　八分書篆額

大足元年（701），賈膺福撰，在河内縣。

（按：此條補於天頭。）

大周無上孝明皇后碑銘並序　正書

長安二年（702），右順陵殘碑，武三思撰，相王旦書，在咸陽縣署。

漢忠烈紀公碑　并碑陰八分書篆額

長安二年（702），右《紀信碑》，盧藏用文并書，在滎澤縣紀公廟。

高延貴造佛像銘　正書

長安三年（703）。

李承嗣造像銘　正書

長安三年（703）。

韋均造像銘　正書

長安三年（703）。

蕭元春造像銘　正書

長安三年（703）。

石龕阿彌陀像銘　正書

長安三年（703），右《王璿銘》，王無惑書。

姚元之造象銘　正書

長安三年（703）。

（按：此條補於天頭。）

觀音一軀及僧德感造象并減罪等字　正書

長安三年（703）。

姚元景光宅寺造象銘　正書

長安四年（704）。

鎮軍大將軍梁義深等題名　正書

以上八種俱在西安花塔寺。

道士周元度等岱岳觀題名　正書

長安四年（704），在泰山老君堂。

（按：此條補於天頭。）

衛州共城縣百門陂碑銘　行書

長安四年（704），辛怡諫文，張元悰記，孫去煩書。在輝縣。

道士阮孝波岱岳觀等題名　正書

長安四年（704），在泰山老君堂。

（按：此條補於天頭。）

唐故司空文貞公蘇府君之碑　八分書篆額

景雲元年（710），右《蘇瓌碑》，盧臧用書，在武功縣。

道士楊太希岱岳觀題名　正書

景雲二年（711），在泰山老君堂。

（按：此條補於天頭。）

景龍觀鐘銘　正書

景雲二年（711），睿宗撰，在西安府城内迎祥觀。

道士吕皓仙岱岳觀題名　正書

景雲二年（711），在泰山老君堂。

（按：此條補於天頭。）

唐故朝議郎行雍州長安縣丞上柱國蕭府君墓誌銘　正書

景雲二年（711），右《蕭思亮碑》，顔惟貞撰，在咸寧縣神禾原。

大唐易州石亭府左果毅都尉薊縣田義起浮圖頌　正書

太極元年（712），王利貞文，在房山縣。

大唐故亳州録事參軍事上□都尉馮府君紀孝碑　八分書篆額

先天元年（712），右《馮本碑》，周朝隱撰，子敦直書。碑上段在西安府學，下段在高陵縣城西。

唐少林寺戒壇銘　正書

開元三年（715），沙門義浄製，李邕書，在（下闕）。

（按：此條被勾掉，補以《周公祠碑》。）

周公祠碑並序　正書

開元二年（714），賈□義撰，在偃師縣。

（按：此條補於天頭。）

大唐故嶲州都督贈幽州都督吏部尚書文獻公姚府君碑銘　正書

開元三年（715），右《姚懿碑》，胡皓撰，徐嶠之書。在陝州張第南二里許墓前。

大唐浄域寺故大德法藏禪師塔銘　正書

開元四年（716），田休光撰，在長安縣終南山。

大唐太常協律郎裴公故妻賀蘭氏墓誌銘　正書

開元四年（716）。

（按：原注有『在長安縣終南山』，被勾掉。此誌出土於陝西省長安縣。）

大唐尹尊師碑　八分書篆額

開元五年（717），員半千撰，元大德元年（1297）聶志真重摹，在盩厔縣樓觀。

大唐故兖州都督于府君碑銘　正書篆額

開元七年（719），姚崇撰，在三原縣北三家村。

（按：此條被勾掉。）

唐修孔子廟墓碑　八分書

開元七年（719），李邕文，張庭珪書，在曲阜縣孔廟。

唐故右武衛大將軍李府君碑　行書篆額

開元八年（720），右《云麾將軍李思訓碑》，李邕撰并書，在蒲城縣橋陵。

（按：原注題名曰『唐故云麾將軍右武衛大將軍贈秦州都督彭國公謚曰昭公李府君神道碑』。）

李北海殘碑　行書

首曰『者寺』，末曰『乾坤之』等字。

大唐北嶽府君之碑　行書

開元九年（721），韋虛心撰，陳懷志書，碑陰鄭放等題字，碑側仇文義等題字，在曲陽縣北嶽廟。

鎮軍大將軍吴文碑　行書

開元九年（721），大雅集晋王羲之書，在西安府學。

大唐易州新安府折衝李公石浮圖之銘　行書

開元十年（722），梁高望書，在房山縣。

御史臺精舍碑　并碑陰俱八分書篆額

開元十一年（723），崔湜文，梁昇卿書，在西安府學。

皇唐太宗文皇帝賜少林寺柏谷塢莊御書碑記　正書

開元十一年（723），在登封縣嵩山少林寺。

（按：此條補於天頭。）

大唐故高内使墓誌銘　正書篆額

開元十二年（724），右《高福碑》，孫翌撰，存西安府農家，今歸畢中丞靈岩山館。

（按：原題爲『大唐故中大夫守内侍上柱國渤海高府君墓誌銘』。）

大唐龍興大德香積寺主浄業法師靈塔銘　正書

開元十二年（724），畢彦雄文，在西安府城南香積寺。

楊將軍新莊像銘　正書

開元十二年（724），在西安府花塔寺。

虢國公楊花臺銘　正書

申屠液撰，在西安府花塔寺。

（按：此銘在開元十二年（724）十月八日。）

大唐帝陵光業寺大佛堂之碑　并碑額俱行書

開元十三年（725），楊晉文，在隆平縣。

紀泰山銘　并額八分書

開元十四年（726），元宗御製并書，在泰山。

銀青光禄大夫陳寰墓誌銘　八分書

開元十四年（726），在偃師縣。

（按：原題爲『兖州都督蒲州刺史□□碑』。）

大唐北嶽祠碑　行書篆額

開元十四年（726），張嘉貞書，在曲陽縣北嶽廟。

（按：此條補於天頭。）

道安禪師碑　行書

開元十五年（727），宋儋撰，在登封縣戒壇西南。

端州石室記　正書

開元十五年（727），李邕撰，在肇慶府七星巖洞口，後刻宋乾□年陶定觀。

（按：此碑尾刻宋乾道五年（1169）九月正書題字。）

大唐雲居寺石浮圖銘　正書

開元十五年（727），王大悅撰，在房山縣。

皇唐嵩岳少林寺碑　正書

開元十六年（728），裴漼撰并書，在登封縣。

岳麓寺碑　行書

開元十八年（730），李邕文并書，在長沙府岳麓書院。

太原王禪成造石浮圖記　行書

開元十八年（730），碑後有李白名在。

佛説尊勝陀羅尼經序

開元十九年（731），正書，王元明立，有大中八年（854）及漢乾祐元年（948）題字，在鞏縣净土寺。

（按：此條補於天頭。）

道士張遊霧等岱岳觀題名　正書

開元十九年（731），在泰山老君堂。

（按：此條補於天頭。）

乾封縣尉王□等岱岳觀題名　行書

開元二十年（732），仝前。

（按：此條補於天頭。）

大忍寺門樓碑　并碑額俱八分書

開元廿一年（733），趙氏《金石録》云楊遜撰，裴抗書，碑陰天寶十四年（755）僧宗福等題字并額俱□□。在深澤縣興化寺。

太上元皇帝道德經大唐開元神武皇帝注　正書

開元二十年（732），田仁琬立，在易州龍興觀。

大唐宣化寺故比邱尼堅行禪師塔銘　正書

開元二十一年（733），在西安府城南。

唐謁郭巨祠堂記　楊傑撰

開元二十三年（735），在肥城縣孝堂山《隴東王感孝頌》後，趙明誠《金石録》云李皐書。

（按：原題爲『郭巨石室外楊傑題字』，勾改爲今題。）

唐元氏縣令龐君清德之頌　八分書篆額

開元二十四年（736），右《龐履温碑》，邵混之撰，蔡有鄰書。碑陰有崔仲海記及宋熙寧九年（1076）鄭陶記。在元氏縣龍化寺。

大唐故京兆府美原縣尉張府君墓誌銘　**正書**

開元二十四年（736），右《張昕碑》，在長安劉氏，今歸畢中丞靈巖山館。

唐光禄大夫鄭曾碑　**八分書**

開元二十四年（736），在河陰縣城東北野中，今隸滎澤縣。

大唐故大智禪師碑　**八分書篆額**

開元二十四年（736），嚴挺之撰，史惟則書，在西安府學。

臨高寺重修菩碑並序　**正書**

常允之撰，常還演之書。開元廿五年（737），在閿鄉縣。

唐嵩山會善寺故景賢大師身塔石記　**行書**

開元二十五年（737），羊愉簒，沙門温古書，在登封縣會善寺。

西山廣化寺三藏無畏不空法師塔記　**正書**

開元二十五年（737），在咸陽縣窑店鎮廣化寺。

總管尉遲迥碑　**并碑陰八分書篆額**

開元二十五年（737），黄叔璥《中州金石考》云顔真卿撰，碑陰開元二十六年（738）孫士良撰，俱蔡有鄰書。在彰德府城北門内。

（按：天頭主筆曰：『閻伯璵撰敘，顔真卿撰銘，蔡有鄰分書。』）

唐錢塘丞敫君夫人顔君之碣　**正書篆額**

開元二十六年（738），顔真卿撰并書，在河南府學道居寺天王殿前。

（按：原題爲『有唐故杭州錢塘縣丞敫府君夫人顔君之碣』。）

大唐易州鐵像碑頌　**行書**

開元二十七年（739），王端撰，蘇靈芝書，在易州署。

恒農積慶之碑　**八分書篆額**

開元二十七年（739），右《楊珣碑》，元宗御製，在（下闕）。

（按：此條被劃掉。）

任城縣橋亭記　八分書篆額

開元二十六年（738），游芳文，王子言書，王曰篆額。在濟寧州儒學。

大唐正議大夫使持節易州諸軍事守易州刺史兼高陽軍使賞紫金魚袋上柱國田公德政之碑　行書

開元二十八年（740），右《田琬碑》，徐安貞撰，蘇靈芝書，在保定府學。

夢真容碑　行書

開元二十九年（741），蘇靈芝書，張九齡奏。

夢真容碑　行書

開元二十九年（741），蘇靈芝書，牛仙客奏。

大唐太原府交城縣石壁寺鐵彌勒像頌　正書

開元二十九年（741），林諤撰，房嶙妻高氏書，蘇侹題額。在交城縣。

唐故特進莒國公唐府君之碑　正書篆額

開元二十九年（741），右《唐儉碑》，在醴泉縣小楊村。

大唐金仙長公主神道碑　行書

徐嶠之撰，元宗御書，在蒲城縣賈堡。

（按：此條被勾掉，天頭注曰『應在《張希古墓誌》後』，亦勾掉。此碑立於唐開元年間（713–741）。）

大唐開元天寶聖文神武皇帝注孝經之臺碑

孝經碑　八分書篆額

元宗御書，在西安府學。

（按：此條被勾掉，原題『孝經碑』，勾改爲『大唐開元天寶聖文神武皇帝注孝經臺碑』。此碑在天寶四年（745）九月初一日。）

大唐北嶽神廟之碑　并碑陰俱八分書篆額

開元二年（714），鄭子春撰，崔鐶書，李遜篆額，碑陰崔鐶撰書，碑兩側宋淳化三年（992）李階等題名。在曲陽縣北嶽廟。

修北岳祠碑　**行書**

劉端撰，王知新書，在曲陽縣北嶽廟。

（按：此碑立於後梁貞明二年（916）十月三日。）

大唐龍門石龕□□像記　**行書**

開元□□年（713—741），在洛陽縣奉先寺。

佛頂尊勝陀羅尼經　**正書**

開元□□年（713—741），在（下闕）。

唐故東平太守碑　**八分書篆額**

在濟寧州耿務村道旁。

雲麾將軍李秀碑　**行書**

天寶元年（742），李邕撰并書，此碑琢爲柱礎，宛平縣有二石。

兖公之頌　**正書**

天寶元年（742），張之宏撰，包文該書，在曲阜縣孔廟。

元元靈應頌　**八分書**

天寶元年（742），戴琁撰序，劉同升撰頌，戴伋書，在盩厔縣樓觀。

大唐平陽郡龍角山慶唐觀大聖祖元元皇帝宫金録齋頌　**八分書**

天寶二年（743），崔明元撰，史惟八分書，在浮山縣。

（按：此碑爲史惟則隸書。）

大唐實際寺故寺主懷惲奉敕贈隆闡大法師碑銘　**行書**

天寶二年（743），懷惲及書，在西安府學。

（按：此碑爲『思莊撰』，無書人。）

大唐嵩陽觀紀聖德感應頌　**八分書**

天寶三年（744），李林甫撰，徐浩書，裴迴篆額，在登封縣嵩山書院。

石臺孝經　**八分書篆額**

天寶四年（745），明皇注并書，太子亨篆額，後有李齊古答明皇批（答行書），及李林甫等題名。在西安府學。

（按：此條補於天頭。）

唐趙郡昭慶縣令王公清德頌　行書

天寶五年（746），右《王璠頌》，李大亮撰，宋□□書，在隆平縣。

嵩山□□□故大德净藏禪師身塔銘　正書

天寶五年（746），在登封縣。

（按：天頭注曰：『此條本是磚浮圖銘乃是神爾閒物。』）

張虔萬造象銅刻　正書

天寶五年（746），此刻先子得于都門。

唐故逸人竇居士神道碑　行書

天寶六年（747），李邕撰，段清雲書，在三原縣橋頭鎮。

宴濟瀆序　八分書

天寶六年（747），達奚珣文，薛希昌書，在濟瀆（『瀆』被點去）源縣濟瀆廟。

游濟瀆記　八分書

達奚珣文，薛希昌書，在濟源縣濟瀆廟。

（按：此碑立於天寶六載（747）十二月。）

佛頂尊勝陀羅尼神咒　正書後系行書

天寶七年（748），張少悌書，在西安府西門外崇仁寺。

（按：原題爲『陀羅尼咒石幢』。）

大唐故潘府君墓誌銘　正書篆額

天寶七年（748），在西安府，近時出。

大唐北嶽恒山封安天王之銘　并碑陰俱八分書篆額

天寶七年（748），李荃撰，碑陰康傑撰，戴千齡書，在曲陽縣北嶽廟。

青帝觀題名　正書

天寶八年（749），首曰『使朝請大夫』等字，在泰山。

（按：此條補於天頭。）

佛說般若波羅密多心經　正書

天寶八年（749），丁思禮同妻朱氏鐫，下層有助智等宋治平二年（1065）及崇寧元年（1102）題名，在沛縣夏鎮崇勝寺。

（按：此條補於天頭。）

尊勝經咒　**正書**

高巖書，在嵩山永泰寺。

（按：此條補於天頭。）

唐少林寺靈運禪師功德塔碑銘　**行書**

天寶九年（750），崔淇撰，沙門勤□書，在登封縣。

永泰寺佛頂尊勝經石幢　**正書**

天寶九年（750），在登封縣。

大唐西京千福寺多寶佛塔感應碑文　**正書**

天寶十一年（752），岑勛撰，顔真卿書，徐浩題額，在西安府學。

唐故内侍省内常侍孫府君墓誌銘　**行書**

天寶十三年（754），右《孫志廉碑》，申堂構撰，韓獻之行書，在西安府城東農家，今在蘇州畢氏靈岩山館。

恒農積慶之碑　**八分書篆額**

天寶十二年（753），右《楊珣碑》，元宗撰文并書，皇太子亨篆額，在扶風縣。

（按：此條補於天頭。）

高乾式造像題名　**正書**

天寶十三年（754），在濟寧州。

有漢東方先生畫像讃　**正書篆額**

天寶十三年（754），顔真卿書，在陵縣。

大唐故游擊將軍守左衛馬邑郡尚德府折衝都尉左龍武宿衛上柱國張府君墓誌銘　**行書**

天寶十五年（756），右《張希古墓誌》，田穎書，在長安縣劉氏。

大唐故金仙長公主神道碑　**行書**

徐嶠之撰，明皇御書，在蒲城縣橋陵。

（按：此條補於天頭。此碑立於開元年間（713–741）。）

華嶽廟碑殘石　**八分書**

權倕文，杜繹書，在華陰縣西嶽廟。

主簿常冀尉元撝殘碑　**八分書**

在華陰縣西嶽廟。

憫忠寺寶塔頌　行書

至德二年（757），張不矜撰，蘇靈芝書，在□京師憫忠寺。

謁金天王神祠題名　正書

乾元元年（758），顔真卿書，在後周《華嶽頌》碑側。

城隍廟碑　篆書

乾元二年（759），李陽冰撰并書，在縉雲縣。宋宣和五年（1123）周明等重勒。

劉士深謁華嶽題名　正書

廣德元年（763），在華陰縣西嶽廟。

李懷讓題名　正書

在華陰縣西嶽廟。

大唐贈太保祁國貞公廟碑　正書碑陰行書碑額八分書

廣德二年（764），右《郭氏家廟碑》，顔真卿撰并書，在陝西布政司二門内。

唐東莞臧府君神道碑　八分書篆額

廣德二年（764），右《臧希宴碑》，韓秀弼書，在三原縣九陂城。

大唐故左武衛大將軍贈太子賓客白公神道碑銘　正書

永泰元年（765），右《白道生碑》，于益撰，□摯宗書，在咸寧縣鳳栖原。

焦鍰題名　正書

（按：原注曰『在西安府城東鮑坡』。）

永泰元年（765），在華陰縣西嶽廟。

怡亭銘

永泰元年（765），裴虬銘，李陽冰篆，李莒八分書，在武昌縣。

清河郡王李寶臣紀功載政頌　行書

永泰二年（766），王佑撰，王士則書，在真定府書院。

峿臺銘　篆書

大曆二年（767），元結文，在祁陽縣浯溪。

（按：『祁陽縣』上原有『永州府』，被勾掉。）

大唐故光禄卿王公墓誌並序　**正書**

大曆二年（767），右《王訓碑》，嗣澤王溓撰并書，在咸寧縣滻川原。

（按：原注曰『在西安府城東田家灣』。）

會善寺戒壇敕牒　**正書**

大曆二年（767），代宗手敕，在登封縣嵩山會善寺。

李氏移先塋碑　**篆書**

大曆二年（767），李季卿撰，李陽冰書，在西安府學。宋大中祥符三年（1010）重刻。

李氏三墳記　**篆書**

大曆二年（767），李季卿撰，李陽冰書，在西安府學。

唐故張禪師墓誌銘　**正書**

大曆三年（768），右《香山禪師義琬墓誌銘》，在洛陽縣龍門山乾元寺東壁。

大唐本願寺造舍利塔并北堂石像之碑　**行書碑額正書**

大曆五年（770），在獲鹿縣本願寺。

第五琦題名　**正書**

大曆五年（770），在華陰縣後周《華嶽頌》碑側。

（按：此條補於天頭。）

李益等題名

同前

（按：此條補於天頭。）

金剛經　**正書**

在獲鹿縣本願寺。

唐襲邱縣令庾公德政碑　**篆書**

大曆五年（770），右《庾賁碑》，李陽冰撰并書，貞元三年（1155）宋佑之重刻并題字，在寧陽縣署。

有唐撫州南城縣麻姑山仙壇記　**正書**

大曆六年（771），顏真卿撰并書，在南城縣。

中興頌　**正書**

大曆六年（771），元結文，顏真卿書，在祁陽縣浯溪。

（按：原注曰『在永州浯溪』。）

盧綸題名　正書

大曆六年（771），在華陰縣西嶽廟。

大唐檢校兩縣威儀兼永仙觀主田尊師德行之頌　行書

大曆六年（771），蕭森撰，在富平縣美原鎮。

韋憑題名　正書

大曆七年（772），在華陰縣西嶽廟。

侯季文題名　正書

大曆七年（772），在華陰縣西嶽廟。

内侍魏成信等岱岳觀題名　正書

大曆七年（772），在泰山老君堂。

（按：此條補於天頭。）

大唐故尚書右丞相贈太尉文貞公宋公神道之碑　并碑陰碑側俱正書篆額

大曆七年（772），右《宋璟碑》，顏真卿撰并書，在沙河縣。

（按：原題爲『大唐開府儀同三司行尚書右丞上柱國太尉廣平文貞公宋公神道碑』，後勾改。）

有唐宋州官吏八關齋會報德記　正書篆額

大曆七年（772），顏真卿撰并書，在歸德府南門外開元寺。

博城縣丞公孫杲贈諸法師詩　正書

大曆七年（772），在泰山老君堂。

（按：此條補於天頭。）

般若臺字　篆書

大曆七年（772），李陽冰書，在福州府。

生公講臺字　篆書

相傳李陽冰書，或云李東陽書，在蘇州虎邱寺。

謙卦　篆書

李陽冰篆，近年刻本，在蕪湖縣。

（按：此碑立於唐大曆七年（772）。）

濟州穀城黃石公祠記　并碑陰俱八分書署款及前後碑額俱篆書

大曆八年（773），裴平書，在東阿縣黃石公祠。

文宣王廟新門記　八分書篆額

大曆八年（773），裴孝智撰，裴平書，在曲阜縣孔廟。

正議大夫守内侍□□□岱嶽觀題名　正書

大曆八年（773），在泰山老君堂。

（按：此條補於天頭。）

干禄字書　正書

大曆九年（774），顏元孫撰，真卿書，在（下闕）。

李謀等題名　正書

大曆九年（774），在華陰縣西嶽廟。

杜誨等題名　正書

大曆九年（774），在華陰縣西嶽廟。

唐故朔方河東河西隴右節度御史大夫贈兵部尚書太子太師清源王府君神道碑　行書篆額

大曆十年（775），右《王忠嗣碑》，元載撰，王縉書，趙□篆額，在渭南縣鄉賢祠。

唐故同朔方節度副使金紫光禄大夫試太常卿兼慈州刺史□□□　正書

大曆十二年（777），右《王履清碑》，侯冕撰，在高陵東正原。

唐故太尉廣平文貞公宋公神道碑側　正書

大曆十二年（777），顏真卿記，在沙河縣《宋璟碑》側。

（按：此條補於天頭。）

元静先生廣陵李君碑銘　正書

大曆十二年（777），顏真卿撰并書，在句容縣茅山。

唐故開府儀同三司兼内侍監高公神道碑　行書

大曆十二年（777），在蒲城縣。

淄州刺史王□岱嶽觀題名　正書

大曆十□年（776—779），在泰山老君堂。

（按：此條補於天頭。）

大唐容州都督兼御史中丞本管經略使元君表墓碑　正書

大曆□年（766—775），顏真卿撰并書，在魯山縣。

送劉太冲叙　**行書**

顏真卿書，宋慶元己未（1199）戴援跋，秦堣書額，在溧水縣學。

華州孔子廟殘碑　**正書**

徐浩撰，顏真卿書，在華州。

奉使蔡州題字并像　**行書**

顏真卿書，宋靖康元年（1126）唐重題字，在同州府。

争座位書　**行書**

顏真卿書，在西安府學。

顏氏家廟之碑　**正書篆額**

建中元年（780），顏真卿撰并書，李陽冰篆額，在西安府學。

兖州司馬高□岱岳觀題名　**正書**

建中元年（780），在泰山老君堂。

（按：此條補於天頭。）

晉尚書令假節領軍將軍贈侍中驃騎將軍成陽卞公墓題字　**正書**

右石柱題字，《六朝事蹟》云宋葉清臣書，近日嚴侍讀長明援歐公湖州石柱之例，斷爲顏魯公書，在江寧府朝天宫西卞公墓上。

大岯山銘　**洪經綸題正書**

建中元年（780），在浚縣大岯山崖壁。

（按：此條補於天頭。）

敬謇等岱岳觀題名　**正書**

建中元年（780），在泰山老君堂。并宋政和甲午（1114）徂徠山人高季良等，又皇祐壬辰（1052）州從事李陟等，又皇祐四年（1052）轉運使宋禧等題名。

（按：此條補於天頭。）

唐大興善寺大德大辯正廣智三藏國師之碑　**正書**

建中二年（781），嚴郢撰，徐浩書，在西安府學。

大秦景教流行中國碑　并額俱正書

建中二年（781），僧景净述，吕秀巖書，在西安府城西崇聖寺。

唐瀛州景城縣主簿彭君權殯志銘　正書

建中三年（782），右《彭澺碑》，王諫撰，在直隸通州署。

吴岳之記　行書篆額

興元元年（784），于公異撰，冷朝陽書，在隴州吴嶽祠内。

貞元鐘文　正書

貞元元年（785），在衡水縣。

（按：此條補於天頭。）

故莫州長豐縣令李君墓誌銘　行書

貞元三年（787），右《李丕碑》，在直隸通州署。

大岯山銘並序

李沛撰，貞元三年（787），在濬縣大岯山崖壁。

（按：此條補於天頭。）

范陽郡新置文宣王廟碑　行書

貞元五年（789），韋稔撰，張澹書，在涿州學。

大唐潼關鎮□軍隴右節度使檢校尚書右僕射兼御史大夫華州刺史武康郡王李公懋功昭德頌　八分書

貞元五年（789），張濛撰，韓秀弼書，李彝篆額，在華州治大門内。

鮮于氏里門碑　八分書

韓秀弼書，在四川。

唐故鴻臚少卿張君墓誌　正書

貞元十年（794），薛長儒撰，在洛陽。

（按：原題爲『唐故鴻臚少卿□□張君墓誌』。）

嵩山會善寺戒壇記　八分書篆額

貞元十一年（795），陸長源撰，陸郢書并篆額，在登封縣。

軒轅鑄鼎原銘　正書

碑陰王顓撰，袁滋篆，貞元十一年（795），在閿鄉縣。

（按：此條補於天頭。）

大唐河東鹽池靈慶公神祠碑　正書篆額

貞元十三年（797），崔敖撰，韋縱書并篆額，在安邑縣。

濟瀆廟北海壇二所新置祭器沉幣雙舫雜物之銘　八分書

貞元十三年（797），張洗濯纓撰，在濟源縣濟瀆廟。

大唐同州澄城縣令鄭公德政碑　正書

貞元十四年（798），右《鄭叔敖碑》，鄭雲逵書，在澄城縣南門鄭公祠內。

唐故劍州長史李府君神道碑　正書篆額

貞元二十年（804），右《李廣業碑》，鄭雲逵撰文并書，在三原縣北三家店。

唐國師謚大圓禪師碑　正書篆額

貞元二十一年（805），右《楚金禪師碑》，沙門飛錫撰，吴通徵書，在西安府學《多寶塔碑》陰。

尉旻題名　正書

元和元年（806），在華陰縣西嶽廟。

唐故左拾遺贈舒州刺史竇府君神道碑　正書

元和三年（808），右《竇叔向碑》，竇公直書，在偃師縣。

高述等題名　行書

元和三年（808），在曲陽縣北嶽廟《陳懷志碑》陰。

（按：此條補於天頭。）

柳開等題名　正書

在華陰縣西嶽廟。

蜀丞相諸葛武侯祠堂記　正書

元和四年（809），裴度撰，柳公綽正書，在成都府武侯祠。

保唐寺毗沙門天王燈幢贊　正書

元和七年（812），柳澈篹，在咸寧縣。

佛頂尊勝陀羅尼經打本　正書

元和八年（813），女弟子那羅延建，在西安府學。

（按：上兩條倒，被勾改。）

唐故興元元從正議大夫行内侍省内侍李公墓誌銘　正書

元和九年（814），右《李輔光碑》，崔元略撰，巨雅書，在高陵縣。

崔蒧鄭公幹題名　正書

元和十年（815），在華陰縣西嶽廟。

周載題名　正書

元和十年（815），在曲陽縣北嶽廟《陳懷志碑》陰。

（按：此條補於天頭。）

鄭志等題名　正書

元和十一年（816），在曲陽縣北嶽廟《陳懷志碑》陰。後有宋宣和壬寅梁兢等題字。

（按：此條補於天頭。）

龍城柳神碣　行書

元和十二年（817），柳子厚書。

容府□□題名殘字　正書

元和十四年（819），在華陰縣西嶽廟。

王播張常慶題名　正書

元和十五年（820），在華陰縣西嶽廟。

南海神廣利王廟碑　正書

元和十五年（820），韓愈撰，陳諫書，在廣州南海廟。

裴潁修嶽廟中門紀石　正書

長慶元年（821），在華陰縣西嶽廟。

安邑縣報國寺故開法大德泛舟禪師塔銘　正書

長慶二年（822），裘允撰，薛潁書，在安邑縣。

邠國公功德頌　正書

長慶二年（822），右《梁守謙碑》，楊承和撰并書，陸邳篆額，在西安府學。

普照寺尊勝經石幢　正書

寶歷二年（826），在濟寧州普照寺。

光孝寺大悲陀羅尼經石幢　正書

寶歷二年（826），僧欽造書，在廣州府光孝寺。

唐故太尉兼中書令西平郡王太師李公神道碑　正書篆額

太和二年（828），右《李晟碑》，裴度撰，柳公權書并篆額，在高陵縣奉正原。

（按：『太和』當爲『大和』，照録原稿，下同。）

唐故安國寺照和上碑　正書篆額

太和七年（833），右《寂照和尚碑》，段成式撰，僧無可書，顧元篆額，在咸陽縣安國寺。

（按：天頭注曰『應在《苻璘碑》之後』。）

狀嵩高靈勝詩　正書

太和三年（829），尉遲汾撰，後有熙寧丁巳王紳題名。在登封縣。

陽城石表　正書

『周公測景臺』五字，在登封縣。

（按：此條補於天頭。）

李璠題名　正書

太和三年（829），在華陰縣西嶽廟。

李虞仲題名　正書

太和四年（830），在華陰縣西嶽廟。

韋公式題名　正書

太和四年（830），在華陰縣西嶽廟。

□曹參軍薛鍛等題名　□書

太和五年（831），在曲陽縣北岳廟陳懷志碑陰。

（按：此條補於天頭。題名上略殘，缺一字及書體。）

唐故輔國大將軍□左神策軍將軍知軍事檢校右散騎常侍兼御史大夫義陽郡□食實□二百户□越州都督刑部尚書苻公神道碑銘　正書篆額

太和七年（833），右《苻璘碑》，李宗閔撰，柳公權書并篆額。

騎都尉薛嗣廣等題名　正書

太和七年（833），在曲陽縣北嶽廟陳懷志碑陰。

（按：此條補於天頭。）

仇文義等題名　正書

太和八年（834），在前碑側。

（按：此條補於天頭。）

南嶽道士邢令開等題名　八分書

開成元年（836），在杭州閱古泉洪旁。

薛廖等題名　正書

開成元年（836），在曲陽縣北嶽廟碑側。

（按：此條補於天頭。）

唐故劍南東川節度使贈吏部尚書馮公神道碑　正書篆額

開成元年（836），右《馮宿碑》，王超撰，柳公權書并篆額，在西安府學。

□庚題名　正書

開成二年（837），在華陰縣西嶽廟。

石經十二種　正書

開成二年（837），在西安府學。

（按：原作九種，朱筆改作十二種。）

□潛等題名　正書

開成二年（837），并宋大中祥符二年（1009）內侍高品及大中祥符三年（1010）惠價題名，在曲陽縣北岳廟《陳懷志碑》側。

（按：此條補於天頭。）

馮耽題名　正書

開成三年（838），在華陰縣西嶽廟。

御史大夫李景讓題名　正書

開成四年（839），在華陰縣西嶽廟。

大唐三藏大遍覺法師塔銘　正書

開成四年（839），劉軻撰，沙門建初書，在西安府城南興教寺。

大慈恩寺大法師基公塔銘并序　行書

開成四年（839），李宏度撰，僧建初書，在西安府城南興教寺。

觀察推官薛襄等題名　行書

開成五年（840），在曲陽縣北嶽廟《陳懷志碑》陰。

（按：此條補於天頭。）

唐故左街僧録大達法師碑銘　正書篆額

會昌元年（841），右《元秘塔碑》，裴休撰，柳公權書并篆額，在西安府學。

陳商題名　正書

會昌元年（841），在華陰縣西嶽廟。

謁廟七言詩　行書

會昌二年（842），強至撰，在華陰縣西嶽廟。

崔郇題名　正書

會昌二年（842），在華陰縣西嶽廟。

刺史鄭放等題名　行書

會昌四年（844），在曲陽縣北嶽廟《陳懷志碑》陰。

（按：此條補於天頭。）

□節度判官權知州事陳去□題名　正書

會昌四年（844），在曲陽縣北嶽廟《陳懷志碑》陰。

（按：此條補於天頭。題名上部殘，缺兩字。）

崔元藻等題名　正書

會昌四年（844），在曲陽縣北嶽廟《陳懷志碑》側。上段有宋大中祥符二年（1009）朱元宗題名，又大中祥符三年（1010）惠價題名。

（按：以上三條皆書於下頁天頭，勾到《崔安潛題名》前。）

崔安潛等題名　正書

會昌五年（845），在華陰縣西嶽廟。

李□題名　正書

大中元年（847），在華陰縣西嶽廟。

楊漢公題名　正書

大中二年（848），在華陰縣西嶽廟。

唐故汝南周君墓誌銘　正書

大中二年（848），在海寧州周春家。

周公祠靈泉碑　正書

大中二年（848），崔珙狀奏，在岐山縣。

（按：此條被劃掉。）

李貽孫祈雪題名　正書

大中三年（849），在華陰縣西嶽廟。

盧璬等題名　八分書

大中四年（850），在華陰縣西嶽廟。

李貽孫題名　正書

大中五年（851），在華陰縣西嶽廟。

敕内莊宅使牒　正書

大中五年（851），在西安府學大達法師碑陰。

□邱尼正言疏　正書

大中六年（852），并刻在西安府學大達法師碑陰。

（按：此條補於天頭。）

于德誨題名　正書

大中六年（852），在華陰縣西嶽廟。

大唐花嚴寺杜順和尚行紀　行書

大中六年（852），杜敫撰，董景仁書，在西安城内開福寺。

范陽盧鄯幼女姚婆墓誌　正書

大中七年（853），在滎澤縣王瑗家。

唐故圭峰定慧禪師碑　正書篆額

大中九年（855），裴休撰并書，柳公權篆額，在鄠縣草堂寺。

李植題名　正書

大中十一年（857），在華陰縣西嶽廟。

吏部郎官石柱題名　正書

大中十二年（858），在西安府學。

唐故滎陽鄭府君夫人博陵崔氏合祔墓誌銘並序　正書

大中十二年（858），濬縣有二碑，一在大□府，一在大伾山。

（按：此條補於天頭。）

李蠙祈雪題名　正書

咸通元年（860），在華陰縣西嶽廟。

唐萃堵波塔銘　正書

咸通五年（864），高傭述并書，在咸陽龍華寺。

張孝子祠殘碑　正書

咸通十年（869），右《張常洧碑》，在句容縣城南張孝子祠。

碧落碑釋文　正書

咸通十一年（870），鄭承規書，在絳州。

新修曲阜縣文宣王廟記　正書

咸通十一年（870），賈防撰，在曲阜縣孔廟。

（按：此條補於天頭。）

唐左拾遺魯國孔府君墓誌銘　正書

咸通十五年（874），右《孔　碑》，鄭仁表撰并書，在滎澤縣。

□故瑯琊王氏夫人墓銘　行書

乾符三年（876），在長安縣崇聖寺。

鄭畋謁升仙太子廟詩　正書

乾符四年（877），在偃師縣。

（按：此條補於下方。）

婁居□修蜀主廟記　正書

乾符□年（874—879），郭筠撰，在涿州。

（按：此條補於天頭。）

護國禪院尊勝經石幢　正書

中和四年（884），在亳州。

李克用題名　正書

中和五年（885），金天會十二年（1134）高君陳模刊，在曲陽縣北嶽廟。

憫忠寺藏舍利記　正書

景福元年（892），沙門南叙述，知常書，在京師憫忠寺。

大唐故内樞密使吴公墓誌銘　**行書篆額**

乾寧二年（895），裴廷裕撰，［閻］湘書。

（按：此條補於天頭，上略殘，書人姓氏殘存下半。）

唐升仙廟興功記　**八分書**

乾寧四年（897），李綽撰，鄭玨書，在偃師縣。

司空圖題裴晉公題名詩殘字　**正書**

在華陰縣西嶽廟。

大唐威武軍節度福建管内觀察處置三司發運等使特進檢校太保同中書門下平章事使持節都督福州諸軍事兼福州刺史上柱國瑯琊郡王食邑□户食實封壹佰户王審知德政碑銘　**正書篆額**

天祐三年（906），于兢撰，王倜書，在（下闕）。

唐贈隴西縣君牛氏像龕碑　**八分書額正書**

在洛陽縣奉先寺。

慈恩寺唐人佛像

宋元人題名，在西安府慈恩寺。

濟木薩殘碑二石　**正書**

一承義郎等字，一周侍珪及金滿縣等字，在迪化州濟木薩。

葬舍利文　**正書**

有『甘州』『開元』等字，在西陲。

大唐故内樞密使吴公墓誌銘　**正書篆額**

在（下闕）。

（按：此條被勾掉。）

遊龍山紀額　**正書**

在元氏縣龍化寺。

吴道子畫像

在北嶽廟。

唐張□顏石幢

在濟寧州安居土中，易與王德和移至天仙廟。

尊勝經咒　**正書**

高岑書，在（下闕）。

蜀王廟記　行書

在涿州。

（按：以上兩條被勾掉。）

石鼓經咒　行書

在醴泉縣北趙村廣濟寺。

皇唐三階大德禪師碑額　正書

在西安府城南薦福寺。

唐故銀青光祿大夫檢校太子賓客兼監察御史柱國河南爾朱府君墓碣　正書

右《爾朱逵墓碣》，程彥矩撰，在郃陽縣朱家河。

聖母帖　草書

懷素書，宋元祐戊辰（1088）模勒，在西安府儒學。

肚痛帖　草書

張旭書，宋時模勒，在西安府學。

藏真律公帖

宋元祐八年（1093）安宜之刻，有游師雄跋，在西安府學。

草書心經

在西安府學。

丙午六月四日孫星衍借觀于中州節署

《國家圖書館藏未刊稿叢書》總目

日記編

黄陶樓先生日記（全二册）（清）黄彭年 著　樊長遠等 整理

張叔未日記（外六種）

張叔未日記（清）張廷濟 著　陳紅彦　樊長遠 整理

舊山樓日記（清）趙宗建 著　肖　剛 整理

非昔居士日記（清）趙宗建 著　肖　剛 整理

庚子非昔日記（清）趙宗建 著　肖　剛 整理

壺中日記（清）葉　鈞 著　肖　剛 整理

東洲草堂日記（清）何紹基 著　曹菁菁 整理

顔脩來日記（清）顔懋价 著　杜　萌 整理

笘誃日記（清）江　標 著　樊長遠 整理

書札編

張蔭桓致劉毓森書札　龔易圖致劉毓森書札

（清）張蔭桓　龔易圖 著　董馥榮 整理

袁昶友朋書札（全六册）（清）袁　昶 輯　謝冬榮等 整理

王懿榮往還書札（外三種）

王懿榮往還書札（清）王懿榮等 著　蘇揚劍 整理

藝風堂同人尺牘（清）惲祖翼等 著　謝冬榮 整理

黄子壽先生遺札（清）黄彭年 著　杜　萌 整理

趙宗建友朋書札（清）趙宗建等 著　彭文芳 整理

葉德輝致松崎鶴雄書札　葉德輝 著　孫　俊 整理

國家圖書館藏清代名家尺牘法書選刊（全十六册）

白謙慎　薛龍春 主編

金石題跋編

國家圖書館未刊石刻題跋輯録　盧芳玉　整理
小蓬萊閣金石目（清）黄　易　著　盧芳玉　整理

題贊手卷編

明渤海孫氏積善堂題贊手卷　田曉春　整理

中法漢學研究所編

燕京傳薪録
——中法漢學研究所未刊稿研究
孫　俊　程天舒　林世田等　編著

著作編

周易注疏校勘記（全二册）（清）阮　元　總纂
讀相臺五經隨筆（全二册）（清）周廣業　著
經義述聞（全九册）（清）王引之　著
經義考異（清）方　邁　著
國語解訂譌（外三種）
國語解訂譌（清）孔繼涵　孔廣栻　輯校
白虎通義校稿（清）吴　騫　輯
古小學書鈎沈（清）陳　鱣　輯
聲系（清）陳　鱣　著
説文解字考異（全五册）（清）姚文田　輯
四庫全書表注（全二册）（清）李文田　著
登樓雜記（全三册）（清）錢　泳　著
蛾術編（全十册）（清）王鳴盛　著
籀鄦簃雜著（全三册）（清）王仁俊　著